品牌变现力

秦梽尊 ◎ 编著

中国纺织出版社有限公司

内 容 提 要

品牌力就是变现力，品牌助力变现，变现反哺品牌。本书从品牌变现的力量、品牌变现定位法则、品牌变现底层逻辑、品牌变现传播路径、品牌变现战略设计、品牌变现盈利法则、品牌变现文化赋能及品牌变现案例解析八个方面解读品牌与变现，书中有丰富的现实案例提供参考，能够为读者提供品牌传播和定位的思路，助力品牌变现。本书适合企业家、创业者及想要建立品牌和实现品牌变现的读者阅读。

图书在版编目（CIP）数据

品牌变现力 / 秦梽尊编著. --北京：中国纺织出版社有限公司，2022.9
ISBN 978-7-5180-9816-3

Ⅰ.①品… Ⅱ.①秦… Ⅲ.①品牌战略—研究 Ⅳ.①F273.2

中国版本图书馆CIP数据核字（2022）第158135号

策划编辑：曹炳镝 于 泽　　责任编辑：史 岩
责任校对：高 涵　　　　　　责任印制：储志伟

中国纺织出版社有限公司出版发行
地址：北京市朝阳区百子湾东里 A407 号楼　邮政编码：100124
销售电话：010—67004422　传真：010—87155801
http://www.c-textilep.com
中国纺织出版社天猫旗舰店
官方微博 http://weibo.com/2119887771
天津千鹤文化传播有限公司印刷　各地新华书店经销
2022 年 9 月第 1 版第 1 次印刷
开本：710×1000　1/16　印张：12.5
字数：135 千字　定价：58.00 元

凡购本书，如有缺页、倒页、脱页，由本社图书营销中心调换

前言

人们打造品牌，并且持之以恒地进行品牌建设和积累，目的其实就是"占位"，谁占了位，谁才有变现的基础。纵观市场上那些既赚了人气又赚了钱的品牌企业，不但具备品牌的传播能力，更多体现出的是品牌的变现能力。他们没有太多的竞争对手，在消费者心中形成了领导品牌的地位，最后占据了消费者的心智。

某个产品发展到一定程度就会出现越来越多的竞争者，导致产品的利润越来越低，想避开红海竞争，就要打造自己的品牌。品牌不是一个印在广告上的标志，真正的品牌代表一种文化、一种感觉，是一个高端的产品，这样的品牌才是有价值的。

随着社会的发展和经济提升，无论是产品还是服务，没有品牌，产品之间的价格战便成为常态，广大营销人员大概率会失业，消费者也会因为无从选择而花费大量时间进行产品比对。所以，品牌是一个好东西，从销售的维度，品牌可以提高发展商的销售效率，提升项目的销售溢价，节约客户的购买成本，创造很多与销售相关的附加行业和岗位，养活一帮销售人员，重要性可见一斑。

品牌力就是变现力，这一点早已成为市场的共同认知。从市场宏观方面看，变现能力越好的产品，占市场份额与排名越高，从而带来更多市场关注度与媒体曝光量，品牌的传播力和知名度自然更强。从中观而言，某个品牌深耕某个领域，产品布局密度足够，那么这个领域里的消费者就会被该品牌裹胁，从而使该品牌吸引更多的消费者。从微观而言，每个品牌的营销项目都是一个小型生态系统，销售力强的项目会强化客户对产品和服务的感知，从而收获优秀的市场口碑，进而提升项目品牌。

因此，变现力也是品牌力。品牌助力变现，变现反哺品牌，两者间存在着强链接的双向协同关系。

一个品牌的变现离不开消费者，那么如何让客户从期望到感知再到实现购买呢？第一步，通过品牌（主要载体是产品和服务）的兑现能力将客户的期望价值转化为感知价值；第二步，通过品牌的变现能力将感知价值进一步转化为购买价值。所以，品牌的兑现能力和变现能力才是真正的品牌实力。

举个例子：如果某个品牌推出一个新产品，在上市之前就做足了前期工作，比如营销和广告，媒体也发布了产品上市的时间，在产品可以购买之前，意向客户对这个产品就产生了期望价值，他们对产品也产生了模糊的心理认知：这个产品应该是什么档次、有哪些新的功能、何种价位、多高颜值等。这就是客户的期望价值。等到产品上市以后，消费者买到以后有了切身体验，这就是感知价值。如果感知价值高于期望价值，消费者就会表现出浓厚的购买意向，愿意跟随你的销售节奏，持续深入地了解产品，品牌进入传播和持续增长变现的环节，这就是价值变现的过程。

变现和品牌是产品的一体两面，双向协同共促营销目标的达成。变现就是要让品牌持续走下去，品牌就是让变现更容易。

变现的第一步就是要找到下家，也就是通常所说的准确捕捉用户的需求。消费者或产品粉丝对品牌的逐步集结是品牌价值不断提升的体现，变现最直接有效的方式就是促进消费者需求的转化。其实与变现相比，打造品牌似乎更难，这需要时间去积累和提升。

本书从品牌定位、品牌变现的逻辑、品牌变现的传播路径、品牌变现战略设计以及盈利法则等多个方面解读品牌与变现。希望能够为读者在品牌变现的路上提供一些参考思路。

秦梽尊

2022年7月

目录

第1章 品牌变现的力量：不可估量的无形资产

人们为什么相信品牌 / 2

创建品牌的重要意义 / 5

品牌带来的变现价值和资产效应 / 8

品牌构建过程：知名—认知—美誉—忠诚 / 12

第2章 品牌变现定位法则：创造品牌的基础价值

什么是定位 / 18

定位的三个关键：对谁而言，我是什么，给你什么 / 21

定位的三个层次：产品、市场、传播 / 24

如何让产品变成品牌 / 29

品牌的差异性和符号性 / 32

定位的基本法则 / 37

定位需遵循的 USP 理论 / 42

第3章 品牌变现底层逻辑：品牌打入市场的前提

确定你的品牌元素 / 46

品牌的核心价值要贴近消费需求 / 49

品牌如何与竞争对手形成差异 / 52

新品打造的常见套路 / 55

品牌创意不要盲目跟风 / 57

给品牌讲一个动人的故事 / 59

对品牌形象进行系统性建设 / 63

把品牌推广出去的步骤和渠道 / 67

产品是品牌故事的物化表达 / 70

广告是品牌故事的精悍表达 / 73

电影是品牌故事的奢侈表达 / 76

第4章 品牌变现传播路径：为品牌打造持续知名度

好品牌如何实现疯传 / 82

品牌传播的常见方式 / 85

传播媒介的特点和优劣 / 87

品牌传播离不开优质文案 / 90

让娱乐为品牌传播赋能 / 93

新经济形势下的品牌传播趋势 / 96

精准化投放，互动化营销 / 98

品牌跨界实现多维赋生共创共赢 / 102

第5章 品牌变现战略设计：全局战略持续发展

品牌对企业意味着什么 / 108

企业和品牌如何才能长寿 / 111

优秀产品是品牌的基础 / 114

价值观营销是变现武器 / 116

品牌体验比创新更重要 / 117

不良的品牌体验将会毁掉口碑 / 120

品牌要以人为本 / 122

第6章　品牌变现盈利法则：赚钱才是硬道理

品牌营销：从 4P 到 4C 理论 / 126

品牌与 KOL 建立营销变现 / 129

品牌通过直播变现 / 131

品牌通过短视频营销变现 / 135

打造品牌私域流量 / 138

视频号助力品牌变现 / 144

宠爱粉丝，粉丝才会埋单 / 149

第7章　品牌变现文化赋能：给品牌注入灵魂

品牌文化的内涵与意义 / 154

用极致思维打造品牌文化 / 156

向标杆企业学习品牌文化 / 160

品牌文化的社会责任 / 164

品牌文化价值靠 UGC 推广 / 167

品牌文化 IP 价值变现 / 170

第8章　品牌变现案例解析：向知名品牌学变现

故事营销——宜家家居 / 176

体验式营销——苹果 / 179

私域流量营销——麦当劳 / 182

情绪营销——鸿星尔克 / 183

文案营销——小米手机 / 185

理念营销——农夫山泉 / 187

后　记 / 189

第 1 章
品牌变现的力量：
不可估量的无形资产

人们为什么相信品牌

《品牌大师》作者戴维·阿克作为"品牌资产鼻祖"和"品牌营销领域教父",在该书一开始就提出了"何为品牌"的疑问。

广义的"品牌"是具有经济价值的无形资产,用抽象化的、特有的、能识别的心智概念来表现其差异性,从而在人们意识当中占据一定位置的综合反映。品牌建设具有长期性。

狭义的"品牌"是一种拥有对内对外两面性的"标准"或"规则",是通过对理念、行为、视觉、听觉四方面进行标准化、规则化,使之具备特有性、价值性、长期性、认知性的一种识别系统总称。

品牌之所以能够得到人们的信任,不是因为一个标志或名称,而是一个公司对消费者的承诺,它传递给消费者的不只是功能性利益,还包括情感、自我表达和社会利益。但一个品牌又不仅仅只是承诺的兑现,它更像一段旅程,一段基于消费者每次与品牌接触的感知与经验而不断发展的消费关系。因为这样的关系,品牌变成了无形的资产,拥有了变现的能力和持续不断通过品牌资产来实现赢利增长抢占消费者心智的影响力。

品牌一旦在情感和文化上占领了消费者心智,有形和无形的价值也就产生了,这些价值就是变现和盈利的价值。

品牌变现的核心是价值的变现,其中文化的含义更加重要。比如,小米品牌在成功树立具备创新精神，引领用户体验的品牌形象后，产品销量一路飙升，树立起手机行业的标杆形象，形成了极高的用户黏性。被称为民族品牌的华为，也靠着品牌的价值占领了手机市场的老大地位。

品牌的价值在于赢得了人们的信任，那人们为什么会相信品牌呢？

1. 品牌代表品质

那些真正活得长久又产生了美誉度的产品品牌，无不是背后的品质在做背书。消费者越来越精明，接触产品的渠道越来越广泛，信任品牌一定是信任它背后的品质。大部分优秀的品牌为了捍卫自己的地位和维护品牌形象，不会在品质上打折扣，这样才能持续得到消费者青睐。行走江湖，品质就是名片，认可品牌，说到底，就是认可品牌背后的品质与服务。能够让人形成依赖感、拥有归属感，从一次需要到一直需要，最终达成长久的信任，这就是品牌的精髓。

2. 品牌代表感受

很多时候人们消费都不是理性的，会受到个人感情的支配，而这种感情来自不同的感受。比如，有的人感到使用方便，有的人感到受人尊崇，有的人感到有面子等，这些都是不同感受。人们之所以对品牌更放心，源于内心的感受不一样。举个简单的例子：如果你去参加晚宴，网店上随便买一套西装大约五百元，买了它就能满足参加晚宴的服装需求；你去购物中心买一套小品牌西服，价格贵了许多，虽然品质跟网店买的差不多，但感觉好像哪里更好一些；如果是去一个高级品牌专卖店花更多的钱买了一套知名品牌的西服，穿上这样的服装去参加晚宴会突然觉得格外自信。这就是有品牌和没品牌、不同品牌给消费者购买和使用感受上所带来的差异。

3. 品牌代表认知

优秀的品牌有故事和情怀，更有值得传播的价值，消费者在选择品牌的时候，同时彰显的是自己的身份与品牌的契合度，而这份契合度代表一种不同的认知。比如，很多人选择用华为手机，不仅是因为好用，还因为欣赏华为的精神内涵；使用海尔产品，不仅因为海尔的产品好用，还因为一种精神效用，这些就是品牌认知。随着时代的发展，用户的选择权变得越来越大。企业之间真正的商业竞争是品牌认知，有认知就有选择，消费者的选择就是品牌的变现价值。在人人都谈流量的时候，品牌赢得人心才是生意的根本，流量只是品牌赢得人心的结果。即使企业的产品同市场上的其他产品存在差异，潜在顾客发现别人也在使用这种产品，但如果他们感觉不到产品的价值，就不会去购买这种产品。品牌远不止是名气大，而是在消费者的脑海里有感知、有印象、有完整的形象，也就是消费者对品牌的认知。

所以，人们相信品牌，是因为品牌代表一种让人记忆深刻的标志符号，也可以是消费者心中某种意义象征。这些品牌都在消费者心智空间占据了一席之地，在提供功能性价值的基础上，给消费者带来了无与伦比的心理体验，品牌本身也给企业带来了长久而深远的价值。

对于顾客而言，品牌不仅意味着他们消费的产品、享受的服务源自何处、出自谁手，而且始终与一定的质量水准、品牌信誉相连。一个品牌代表着一定的产品、服务质量，凝聚着企业的形象和顾客、公众和社会对它的评价，吸引着相对稳定的、忠诚的客户群。对于企业来说，品牌意味着客户忠诚，意味着稳定的客户群，意味着同一品牌覆盖之下的持久、恒定的利益，这就是品牌最终实现变现的根本所在。

创建品牌的重要意义

创建品牌的目的和意义是什么呢？最直观的意义就是企业实现更大的经济效益。无论是品牌引起的消费者在意，还是品牌实现宣传和推广，最终要达到的目的只有两个字：变现。

打一个简单的比方：一个普通的店，经营良好，一年净利润达到10万元，而如果经营成品牌店，一年的净利润就可以翻10倍，达到100万元，这就是品牌效应，这也就是为什么知名连锁品牌要那么多加盟费。品牌就是知名度，有了知名度就具有凝聚力与扩散力，就成为发展的动力，也就具备了更大的盈利能力。

产品本身没有生命力，只有产品，没有品牌，或者是只有贴牌，没有品牌的企业更是没有生命力和延续性的，只有重视品牌，构筑自身发展的灵魂，企业才能做大做强。这也是企业构建品牌的意义。

现代社会是信息社会，人们从睁开眼睛就开始面临信息的轰炸，消费者被信息围困，各种消息、资料、新闻、广告铺天盖地。科学家发现，人只能接受有限度量的感觉，超过某一点，脑子就会一片空白，拒绝正常工作。在消费者"感觉过量"的时候，企业只有压缩信息，实施定位，为自己的产品塑造一个最能打动潜在顾客心理的形象，才是其唯一明智的选择。这就是打造品牌的重要意义。

1. 构建品牌能够使企业在竞争中占得一席之地

这是一个充满竞争的时代，为了生存和发展，各行各业都展开了残酷的市场竞争。企业要想获得消费者的青睐，必须能够把消费者吸引过来，于是企业不得不进行优惠促销、降价、各种推广等，而其他企业也是如此，尤其同行为了赢得竞争，会使出更大的力度进行宣传推广、降价促销，这样使得多数企业不得不进入降价竞争的恶性循环。这样带来的后果就是利润减少，而企业却不得不持续支出租金、人员工资、生产原材料等费用，资金链供应充足的企业尚且能够支撑，而一旦现金流或资金紧张，企业就会面临破产倒闭。这一切都可归因于自己的产品没有形成品牌影响力，无法产生品牌价值。

对于企业来说，品牌的意义在于建立起一个完整的实体化形象。品牌是基于企业的内部文化、经营产品、营销策略等综合而成的一个形象，是企业的一项无形资产。品牌能够为企业带来诸多影响，比如一个独特的品牌，在不涉及产品的情况下就能够在消费者心目中留下深刻的印象。对于企业而言，一旦形成品牌能够让内部员工更多地具有归属感，提高企业内部的凝聚力，提高员工的工作效率，更加利于企业的发展。对市场而言，企业更有竞争力，因为有了品牌的影响，企业可以减少或避免与同行进行恶性竞争。

2. 构建品牌能够塑造企业鲜明的特征，对消费者产生吸引力

企业一旦拥有了品牌效应，就会脱离市场上的降价竞争。一个企业如果不受成本和经营的困扰，就会有更多的精力去做更具情怀和品质的事情，就会具备产品溢价的实力。企业可以从生产、经营单一的产品转化为做有兴趣的事情、具备品牌精神的事情，以此来吸引消费者。消费者购买

品牌产品后会感到非常满意，认为这是一种荣誉和资本，并向周围的人或朋友炫耀，从而增强他们的自信心。

另外，对于消费者而言，不愁买不到产品，只要产品使用质量可以，对于品牌不是很关心。但是随着经济的发展，各类产品的市场变得鱼龙混杂，消费者无法清楚地分辨出我们所购买的产品质量的好坏，所以需要依靠企业的品牌来进行购买。通常对于消费者购买过的某一件产品，如果质量很好，消费者就会更加青睐这一品牌。消费者对某一个品牌产生好感后，如果这个品牌发布了新的产品，消费者也会认为质量比其他不知名的企业产品要更加好用，使得消费者在目前产品纷繁而质量有高有低的市场环境中选择这一品牌，品牌能够使消费者更省心、更省力。

3. 构建品牌能够规范市场经营秩序

凡是构建起自己品牌的企业，都会有更加长远的发展战略和规划，所以在经营方面会更在意口碑和产生的社会效应，在市场上的活跃度也会高，口碑打造方面也会力求正向积极，无论是对产品质量的把控还是对售后服务的建设都会更加积极。对于消费者而言，购买产品或服务都希望有好的体验和得到保证的售后服务，有品牌的产品在这方面能够提供更强大的保障。

4. 品牌可以降低企业的交易成本

成本一降利润就上来了，这也是品牌变现最直观的体现。品牌也是企业的护城河，任何产品或服务都会遇到瓶颈或红利期过去的时候，如果品牌占领了人们的心智，在同对手竞争时，品牌就有了护城河。更为关键的是，如果品牌登记了专利或者是商标的话，那么品牌就可以变成企业的无形资产，而且在将来融资上市的时候，很多资本是非常看重企业的专利或者商标这些自有知识产权的。

综上所述,培育自身品牌对于企业来说,有着提高品质、传递诚信、塑造形象的作用,社会、企业、消费者都会从品牌中受益,培育品牌意义重大并且深远。

品牌带来的变现价值和资产效应

品牌是一个企业经营的核心成果,它不是由企业说了算,不是由老板说了算,而是由消费者的心智说了算。当消费者要买一件商品时,还没实现购买,就已经确定了要买哪件,无论代购还是彻夜排队,天涯海角只为那个它。消费者对自己喜欢的品牌往往会掏钱,而对于不喜欢的品牌就不会。一个赢得消费者的品牌往往能够非常轻易胜出,反之,一个无名产品,人们往往觉得它有很多不如其他商品的地方。广告之所以是促销的有力武器,就在于它不断向潜在顾客传达其所期望的奇迹和感觉。消费者在长期的购买、消费行为中往往形成了特定的消费习惯。如有的人喜欢去大商场买服装、家电,去超级市场购买日常用品、食品;而有人喜欢喝果汁,有人喜欢饮用可乐……消费习惯具有惯性,一旦形成很难改变。品牌定位有利于培养消费习惯,提高顾客忠诚度。一旦通过品牌定位找到了属于自己品牌的消费者,就会带来变现的价值。

可口可乐品牌的总裁罗伯特·伍德鲁夫曾说过一句话:"即使可口可

乐的工厂被大火烧掉，给我三个月时间，我就可以重建完整的可口可乐。"管理学大师彼得·德鲁克说："企业的经营成果在企业外部，在企业内部只有成本。"所以说大火能够烧掉的都是花钱马上就可以重建的，只是多花一点时间。真正烧不掉的成果是什么？那就是在顾客的心智中，左右了顾客选择和认知的载体——品牌。这句话诠释的就是品牌的变现价值和资产效应，这种价值和效应不仅是有形的，更多的是无形的。

品牌资产是品牌赋予产品或服务的附加价值。它反映在消费者对有关产品牌的想法、感受以及行动的方式上，同样它也反映于品牌所带来的价格、市场份额以及盈利能力。品牌资产的关键在于资产，和其他有形资产一样，品牌是一种无形的资产。这种无形的资产有哪些变现价值呢？

品牌效应可以提高产品复购率。品牌可以轻松让消费者和用户记住该品牌所能提供的利益价值观与个性化服务，提升消费者用户的认知度、信任度，让消费者满意喜欢甚至爱上该品牌产品，大大提高产品的复购率，这是企业塑造品牌的重要性，更是品牌资产的力量。复购的频率代表变现的强弱。比如，一个人喜欢用某电子公司的产品，他不但会选择买该品牌电脑，还会选择买该品牌的手机等一系列的产品，这就是一种复购，认可了某一个品牌就会认可它旗下的所有产品。

品牌能够强化消费者内心的价值。品牌除了本身具有经济价值（可以估值），还可以为其带来稳定的超额收益，是企业创造经济价值不可缺少的一种资源。"品牌资产"一词表明，品牌是企业无形资产的重要组成部分。一切的品牌营销推广宣传都需要围绕企业所能为消费者提供的品牌核心价值而展开宣传，这是对该公司品牌核心价值的不断渗透，并进一步强化在消费者内心的品牌核心价值，消费者因为自己所选用的品牌而形成对于自我价值的认知。

品牌是产品品质的延伸。我们已经无法单纯地用工厂的制造水平及产品的整体合格率来评判一件商品的优劣了，品牌作为产品品质的延伸已经得到了绝对群次顾客的认同。在购买一件商品时，如果这个商品的品牌尚没有形成力量，不能对顾客快速作出购买决定起主导作用，我们可以视为此商品仍停留在较低层面的经营格局，将来的着重点是如何提高品牌认知及满意度，使商品由较低级的品质竞争过渡到品牌竞争层面。同样，如果在某类商品中不存在明显的优势品牌，则说明这个市场存在着较大的市场机会，可以重点考虑通过差异化策略席卷市场而重点分羹。

品牌可以暗示消费者进行自我归属。不同的人对不同的品牌有不同的喜好与青睐，这实际是一种自我身份的归属，比如不同的人会偏好不同品牌，这些品牌让消费者给自己的定位同品牌相符。这就是品牌的核心价值所在，它可以暗示消费者对自己进行层次归属，品牌代表的就是一个人生活的"圈子"，所以才有了品牌的粉丝，这都是品牌为消费者带来的自我归属。

品牌价值链的前半段是品牌化的过程，也就是企业的营销活动到用户的品牌资产。其品牌化，一是围绕知名度也就是广告覆盖面带来的网络效应，二是内容传递交互带来的价值认同，三是长时间积累带来的情感牵绊。后半段就是品牌资产变现的过程，促成市场业绩。这就像人，前半生积累财富，后半生消费。这个类比虽说有点粗暴，但基本反映了品牌建设过程。

当一个品牌有了变现价值以后，就形成了"护城河"与"壁垒"，会有别人难以复制的竞争优势。如果把品牌想象成一个人，那么他/她身上最无法复制的应该是其言谈举止、性格、情感，以及别人对他/她的认识和印象。对于一个品牌来说，独特的定位、形象、性格，它对消费者的承诺和消费者对它特有的情感，都是品牌与生俱来的"护城河"。许多新消费品牌的成功经验已经证明，在产品同质化日趋明显、多数行业门槛逐步降低的大环境下，经过精心打造的品牌资产完全可以走出"哲学范畴"，成为品牌在竞争中取胜的"杀手锏"。这就是品牌资产的变现。

品牌价值和资产效应的形成，一种是品牌具有外在消费价值，例如某品牌质量有保障，有良好的售后服务，这样的品牌比较值得信赖，意味着该品牌已经完成了外在消费价值的积累，这是品牌经营的立业之本；另一种则是该品牌可以满足消费者在精神上的需要，能够最大程度塑造品牌忠诚度，则意味着该品牌已经兼备了外在的消费价值和内在的精神指向价值，这是品牌经营的常胜之道。品牌价值的形成，具体而言包括以下三个方面。

一是来自品牌的"人设"打造。人有"人设"，产品也有"人设"，其中包括品牌要表达的信仰、目标，以及希望向公众展示一个什么样的形象。这一"人设"最好能够与它的目标消费人群对自己和生活的向往，以及与他们的价值观相互呼应。价值认同，可以理解为消费者能够在品牌展现出来的核心价值当中看到自己和自己的渴望，并且希望用这个品牌为自己代言。

二是来自品牌价值。品牌不一定会直观明了地告诉消费者，但一定会用某种形式潜移默化地让消费者感知到品牌的创意传播和文化价值，品牌的核心价值是被"感知"的,而不是被"告知"的。比如,大众汽车品牌的"工程师文化""德国品质";苹果的简约和创新、符合人性的审美设计;无印良品的小而实用、高品质,对生活的接纳和包容态度等。一些知名品牌代表的核心价值都不是直接"告知"消费者,却能让消费者"感知"到,并且深入人心。

三是营销、策划和高效执行。从品牌的定位,到核心价值的确定和与目标消费人群价值观的匹配,再到品牌形象的设计、传播、推广、跨界营销和公关策略以及和目标消费人群的持续互动,品牌粉丝的培育,等等。在这个过程中,我们要让消费者从各个维度看到、感知到的品牌核心价值必须始终如一,只有这样,品牌的灵魂才能丰满,品牌的形象和性格才能清晰、独特,深入人心。

品牌构建过程:知名—认知—美誉—忠诚

创建一个强大的品牌,是每一个品牌战略的核心使命,只有让消费者知道这个品牌,并且喜欢上这个品牌,最后才能产生品牌的忠诚度。

20世纪80年代,大卫·艾克提出了"品牌价值"的概念,同时推出了多个品牌建设的方法和理念。其中,在行业内被广泛认同的是品牌建设的四段里程,即:品牌知名—品牌认知—品牌联想—品牌忠诚。

这个理论为品牌构建提供了模式,那就是:一个成功的品牌,首先应该具备比较高的知名度；其次是受众对该品牌的内涵、个性等有较充分的了解和认知，并且这种了解带来的情感共鸣是积极的、正面的；最后，在使用了产品、认可了产品价值后，还会再次重复购买，成为忠诚的消费者。

品牌认知度是品牌资产的重要组成部分，它是衡量消费者对品牌内涵及价值的认识和理解度的标准。品牌认知是公司竞争力的一种体现，有时会成为一种核心竞争力，特别是在大众消费品市场，各家竞争对手提供的产品和服务的品质差别不大，这时消费者会倾向于根据品牌的熟悉程度来决定购买行为。

近几年，越来越多的企业把更多的关注点放在打造品牌上。而打造品牌需要明确差异化的战略方向，也需要产品承接，产品能够持续保证品牌在消费者前露出，同时也能直接向消费者传递品类和品牌定位。因此，企业应该在明确消费者需求与产品定位的基础上，融入感性创造，建立更积极的品牌认知。

品牌知名度的打造相对而言比较容易，做些推广宣传、花些成本做广告，基本可以实现广而告之，当然在这个阶段品牌想要昭告天下，往往需要非常高的成本。因为人们对一件事情的关注只是短时间的热衷，要想深入地让消费者记住品牌，需要持续性、不间断地进行品牌塑造。德国心理学家艾宾浩斯的遗忘曲线说明，人们遗忘一件事情的速度不是线性的，而是开始遗忘快，而后续遗忘的速度就会变慢。这一理论的指导意义在于，任何一段记忆必须要在还没有忘记之前反复加强印象，重复再重复，品牌在打广告时，要明白这个道理——在人们遗忘之前反复加深印象以便于建立起牢固的形象，否则别人就会忘记你。把产品推到市场上有几个必需的环节，具体说明如下。

一是产品内部的测试。这个时候的初创者为了降低成本，可以拿工厂的现货来测试这类产品的转化率。

二是产品的痛点发现。痛点就是和市面上其他产品相比，你的产品能解决其他公司没有发现的客户关心的点，哪怕是很小的一个改变都可能引爆你的产品销量，这个时候你可能会收到一些不好的评价，但是不要灰心，这是你产品线发展的必经阶段。

三是引爆品牌的知名度。这个最难，成本也最高，现在大部分公司会选择投放商业广告，请明星代言，但比这个更有效并且能够有效的方法是抓住风口，或者你的品牌产品经历过知名的事件。比如苹果公司在4G时代刚刚来临的时候，抓住这个风口推出了该品牌的手机，这就是通过知名事件和时代风口快速把品牌营销做起来的方法，这种方法比请明星代言、做商业广告更有效果。

四是让消费者对品牌产生认知。一个产品本身的质量不高，而我们却想让消费者相信产品质量非常高，无疑是不可能的。即使在短时内可以蒙骗消费者，但是消费者很快就会察觉，这反而更会加剧品牌的危机。因此，要提高品质的认知度，第一步要做的就是不断地提高产品的质量或服务水平，企业狠练内功，提供更高品质的产品或服务，这是提升品质认知度的基础。树立"一切以消费者为中心"的心态，不断提高消费者与零售客户的满意度，赢得消费者的好感和信赖，让顾客在购买新品或替代品牌时享受到愉悦、舒心的人性化服务。从细节之处为顾客考虑，那么顾客在享受服务的过程中就能产生被尊重的感觉，自然就能提高顾客对该品牌的认知度。

五是品牌需要有美誉度。品牌有了美誉度才能持久地赢得客户的青睐。这是一个追求实用主义和凡事都要"搜一搜"的时代。如果品牌没有美誉度，那么消费者在网上搜索相关信息，发现全是差评，那么这样的品牌就无法做成功。当人们想要了解一个品牌的具体信息的时候，一定会了解品牌的口碑，如果全是好评，那么就会让消费者放心，糟糕的差评往往会让消费者产生怀疑甚至不再使用。所以，品牌要认真、努力、持续地去做美誉度运营，达到一个最佳状态。

有了美誉度只是保证消费者不会离你而去，但要想让品牌变现，让消费者对品牌产生忠诚度才是关键。之前没有互联网和移动互联网的时候，一家公司依靠某款经典的产品能获得长达几十年持续化的经营。但当前是一个瞬间万变的时代，没有任何一个品牌能够高枕无忧。几乎所有的品牌都在关注年轻人。聚焦来看，尤其是出生于1990年后的人群，甚至有品牌已经将消费者圈层缩小到了"95后"身上。从商业意义出发，这群年轻人正在变得越来越不可忽视。已经有许多媒体和机构在尝试为这群年轻人画像。有人说，哪个品牌能够赢得这群年轻人的忠诚度，就能够在市场中成为风向标和引领者。

无论是年轻的消费者还是年老的消费者，让其对产品产生忠诚度，万变不离其宗的关键点，一是产品质量，二是价格，二者缺一不可。产品质量是企业开展优质服务、提高客户忠诚度的基础。世界众多品牌产品的发展历史告诉我们，消费者对品牌的忠诚在一定意义上也可以说是对其产品质量的忠诚。只有过硬的高质量产品，才能真正在人们的心目中树立起"金字招牌"，从而受到人们的爱戴。当然仅有产品的高质量是不够的，合理地制定产品价格也是提高客户忠诚度的重要手段。企业要以获得正常利润为定价目标，坚决摒弃追求暴利的短期行为，要尽可能地做到按客户的

"预期价格"定价。所谓"预期价格",是大多数消费者对某一产品的心理估价。最后还要做出超出消费者预期的东西,比如售后服务和个性化需求,等等。

这是个信息超量的时代,产品种类繁多,然而人们的记忆是有限的,很少有人能准确列出同类商品七个以上的品牌,人们往往能记住的是市场上的"第一、第二",在购买时首先想到的也往往是某些知名品牌,知名品牌产品往往是消费者心目中的首选。

真正品牌构建都需要经过推出自己,让消费者产生认知,最后拥有美誉度达到忠诚的过程,才能形成一个有生命力和变现能力的品牌。

第 2 章

品牌变现定位法则：创造品牌的基础价值

什么是定位

品牌定位的目的就是让产品卖出高价，能够卖出溢价，能够有更高的利润。如何获得更高的利润呢？有一个非常形象的理论：做品牌就是和消费者谈恋爱，要不断地进行品牌包装，提高身价，让消费者像爱人一样同企业保持信任关系。

所谓品牌定位，就是指企业的产品及其品牌，基于消费者的生理和心理需求，寻找其独特的个性和良好的形象，从而凝固于消费者心目中，占据一个有价值的位置。品牌定位是针对产品品牌的，其核心是要打造品牌价值。品牌定位的载体是产品，其承诺最终通过产品兑现，因此必然已经包含产品定位于其中。用大白话讲，品牌的定位就是企业的产品或服务在消费者头脑中占据的位置。

品牌定位是在自身产品的基础上做出的品牌竞争区分，精准的品牌定位可以让企业在众多同质化的竞争中脱颖而出，让消费者关注并产生购买偏好。在市场推广前做好品牌定位，能极大减少企业的推广成本和消费者的记忆成本。

企业做产品、做营销，想要脱颖而出，首先要找准自己的定位。定位自己的品牌风格和调性。也就是说，当消费者提到这一个品类的产品时，能否想起你这个品牌。比如提起手机，消费者会想起华为。

这就是所谓的产品定位,以其占据用户心智。现在消费者的选择不是不够,而是太多,所以一个产品如果无法进入消费者的心智,就很难让人想起,更不会去购买。品牌一旦在消费者心智中占领了一定的地位,变现的效应就会随之而来。比如,以肯德基等自带流量的品牌为例,商圈经营者往往把这些大品牌招进来,以此来带动流量保证,然后再向商圈的其他品牌收费。品牌是入驻的客人,商圈是招商的店家。对肯德基、麦当劳这些品牌来说,本身就具备了品牌的变现效应,商圈会主动让利给他们,甚至为了吸引流量,会给他们费用。线下如此,线上也如此。能自带流量的线上品牌——如华为手机等——电商平台会主动补贴,目的就是让顾客将电商软件下载到手机上。不能自带流量的品牌,平台就会不断提高流量费,线上的流量费,就相当于线下的房租费。

定位与品牌化其实是一体两面,如果说品牌就是消费者认知,那么定位就是公司将品牌提供给消费者的过程。

比如,热销的凉茶品牌王老吉定位为预防上火的饮料,在广东地区的川菜、湘菜渠道铺货。这些菜系偏辣,食客对上火有焦虑,而预防上火是食客一听就懂的概念。同样的价钱,可乐不能预防上火,凉茶可以,当然要选择凉茶了。

农夫山泉完美地调动了消费者的认知——天然水比纯净水更健康。它在媒体和广告中都宣称纯净水太过纯净,不能补充必要的矿物质,必要矿物质的缺乏对成长期的青少年尤其不利。农夫山泉没有创造一个新的东西,而是调动了顾客头脑中本来就存在的东西。

云南白药在推出创可贴的时候,国外品牌在创可贴市场中已经处于垄断地位了。云南白药创可贴找到了一个定位:含止血药的创可贴,宣称

"有药好得更快些",这也是顾客一听就懂的概念。

当这样的理由被根深蒂固地植入消费者的心智中时,这些产品也就形成了各自的品牌。以后,只要有这些方面的需求,消费者首先想到的就是这些品牌。品牌的建立,依靠的就是正确的定位手段。品牌定位一定要摸准顾客的心,唤起他们内心的需要,这是品牌定位的重点。所以说,品牌定位的关键是占据消费者心智。企业品牌要想取得强有力的市场地位,它应该具有一个或几个特征,看上去好像是市场上唯一的。这种差异可以表现在许多方面,如质量、价格、技术、包装、售后服务等,甚至还可以是脱离产品本身的某种想象出来的概念。

举个例子:

手机品牌OPPO过去主打的是音乐手机品类概念,请明星助阵、赞助音乐节目。但是它有一款畅销手机R9,R9不是靠广告猛砸概念,而是砸一个核心价值锚点"充电5分钟,通话2小时"。这和过去完全不一样,过去就是logo加明星,没有强价值点,但现在给消费者明确的产品亮点定位,激发消费者购买欲。仅这一个简单的定位,就为变现开拓了很多潜在的消费者。

所以,找到产品的价值,给产品一个清晰的定位,打通消费者某一个认知,就意味着找到了品牌的变现点。好的品牌离不开定位,不管是传统营销时代还是互联网时代,定位是一切的开端。

定位的三个关键：对谁而言，我是什么，给你什么

定位要解决的三个关键问题是：对谁而言，我是什么，给你什么。

对谁而言（谁是你的客户）就是目标人群定位，定位的工作相当于给用户打标签，而这些标签的组合可以大致地告诉我们目标用户是什么"样子"的。

我是什么（自己的品牌类别），定义品类是所有市场推广的第一步，不定义品类就没有办法定义市场。

给你什么（能给客户带去什么）就是能够为客户解决哪些痛点。

1. 对谁而言：知道谁是花钱买你产品的人

品牌要想变现，首先就要知道谁是花钱买你产品的人，这是非常关键的一步。企业在制订营销方案的时候所面临的最大问题就是把产品卖给"谁"，也就是确定目标客户群体的问题。市场之大，消费者何其众也，国内尚且如此，更何况国际市场，企业在确定目标客户群体的时候，首先要针对所有的客户进行初步判别和确认。在初步确定目标客户群体时，必须关注于企业的战略目标，它包括两个方面的内容：一方面是寻找企业品牌需要特别针对的具有共同需求和偏好的消费群体；另一方面是寻找能帮助公司获得期望达到的销售收入和利益的群体。以钓鱼为例，假设我们是垂钓者，并且我们不是什么鱼都要，只钓到我们喜欢的鱼就好。那么想要钓

到我们喜欢的鱼，就需要好好分析一下了：①钓哪种鱼；②鱼的活动区域；③鱼的习性；④鱼最喜欢哪种饵；⑤筛选鱼。

一旦把这五点做到位，就符合了爆品特性。所有成功的爆品都有一个共性——决策者能很清楚地跟你描述他的消费者，而且至少可以讲15分钟。你要清楚知道你的消费者的生活形态和生活轨迹、害怕什么和喜欢什么、他什么时候使用你的产品、使用的目的，以及什么时候分享。比如，江小白对于消费者的定位是20～30岁的年轻人，男性为主，由于年龄偏小，在收入和职业方面普遍为中低收入。

所以，定位自己的品牌"对谁而言"，就要熟悉你的目标客户。不要试图将同一个产品卖给两个年代的人，目标人群定位要精准。如果你的产品只是针对高端时尚人士，就要将目标锁定在有消费能力和消费需求的一类人身上。了解用户的诉求，准确找到切入点是关键。高质量的粉丝，不易流失老客户，还能为企业作宣传，加大品牌影响力。

2. 我是什么：定义产品的类别

比如你是卖家电的还是卖手机的，是卖酒水的还是卖服装的，不同品类决定不同的品牌定位。品类是一个几乎所有营销要素的集合，品类创新是企业创新和营销的集合。实际上，引起消费者购买欲望、推动他购买的并不是品牌，而是品类（品类是消费的驱动力）。只有消费者决定了购买的品类以后，才能说出该品类的代表性品牌：用品类思考，用品牌表达。乔布斯并非一流的技术高手，却是营销方面的天才。乔布斯的秘诀在于开创新品类，苹果的创新核心并非单纯的技术创新，而是依托技术的品类创新。比如从最初的台式电脑到笔记本电脑、MP3到后来的手机，这些都属于品类的创新。企业推出新品类时在品牌策略上有两种选择，一种是启用新品牌，另一种是将老品牌延伸到新品类中使用，最佳选择是启用新品牌。首先，品牌是某一品类的代表，在消费者心智中，一个品牌名通常最能代表的只是某一品类；其次，当品牌名称在心智中和某个品类紧密挂钩时，品牌就无法被移动。此外，消费者的心智更容易接受一个标注新品类的新品牌。当消费者对某个品牌产生了好感，那么该品牌的创新品类同样会得到消费者的青睐。

3. 给你什么：定义产品本身的特点

简单地说就是，你和市场上的同类产品有什么不同。在众多的商品以及商家面前，消费者的购物模式就是对感兴趣的东西进行挑选和对比，然后确定购买。所以营销前，就不得不在众多产品中找到与自己属性差不多的产品进行对比分析。先模拟消费者的购买习惯，看一下，自己的产品与别的人产品相比是否会引起消费者购买的欲望。如果发现对手的产品更有竞争力，那我们就需要优化自己的产品。至少要找到一个标杆作为参照，进行优化。别人无法提供的东西，你却能提供给消费者，这就是你品牌的不同，也是赢得消费者好奇的一个卖点。比如，白酒品牌江小白发现，小曲清香型白酒，存在了那么多年，但是没有哪个品牌真正做深、做透，并且它还有极大的优势就是：手工精酿、纯天然、口感柔和，更加适合青年群体饮用。比如格力，其最早的定位从空调这一细分市场出发，一句"好空调，格力造"，一则传递了格力专注于空调这一细分市场领域，二则强调了格力品质，以通俗的语言传达给消费者。而随着时代的变迁，消费者对于品牌、产品的认知加强，"好空调"显然不能让消费者信服，而格力将定位转向科技，格力"掌握核心科技"，强调格力的科技创新，满足现代居家对家电产品的需求。再配合多个营销手段，企业领导人的塑造等，加强消费者对格力的认知。

所以，通过这三步我们就能明确，定位就是知己知彼的过程，知道自己有什么，可以带给消费者什么，也知道精准消费人群是谁，这就是品牌推向市场实现成交和变现的基础。

定位的三个层次：产品、市场、传播

品牌想要赢得市场实现持久变现，离不开三个因素，分别是产品、市场和传播。产品是根本，占有市场是基础，达到广泛传播是目标，三者相辅相成。没有产品无法形成品牌，有了产品无法占有市场就实现不了变现，如果传播率不高，自己的酒再好，放在深巷中，也无法让广大消费者知晓并为之埋单。所以，定位要解决产品、市场和传播这三个方面的问题。

1. 解决产品与用户的问题

产品是满足消费者的实际需求和欲望，而经由产品打造的品牌是满足消费者心灵上的需求和欲望。品牌是产品的定位，所谓的定位价值，也就是品牌在消费者心中的心理定位产生的价值，同时也是产品的买点。为什么不是卖点呢？卖点是产品的差异化、产品的特点，而买点是能够满足的需求。很多人都在追求产品卖点，这是站在自己的立场上想问题，而产品的买点却是站在消费者的需求上想问题，那样就会有根本的不同。简单来说，消费者会因为想喝酒而去买酒喝，但是买哪一个品牌的酒就是一种消费者对品牌的选择。所以，产品的定位关键是要找到符合产品气质的消费者。也就是说，要找到消费者想买的那个点，然后去迎合这个点，才是定位。这需要做大量的用户调查，收集用户反馈，了解用户的需求和痛点在哪里。产品本身做得好，就会给业务带来正面宣传，形成口碑传播，从而让更多用户了解产品。

无论什么行业都会涉及销售，所以不管是员工还是老板，都需要思考"客户怎样才愿意为我们的产品埋单"。产品的定位就是要瞄准特定人群，理解特定人群的需求，与他们建立感情。与用户建立共情的第一个环节是找到超级粉丝。超级粉丝指的是那些高需求、高价值的早期用户。他们的特征如下：

（1）他们遇到了问题，而这个问题是你想解决的。

（2）他们知道自己遇到了问题，这一点是首先要考虑的。

（3）他们正试图通过手头现有的选项来解决问题。

在产品开发的早期阶段，从5个超级粉丝那里得到的信息要比几十个所谓目标用户的信息更有价值，一旦能够点燃超级粉丝，你的产品就踏上了成长之路。所以，在选择超级粉丝的时候要聚焦，不要太宽泛。

比如，如果我们打造的产品是给宇航员用的，那么就不要在其他人身上浪费时间，否则会导致我们得不到有益的反馈。同时，我们也不要把目标用户设定在"母亲"这样宽泛的人群身上，"母亲"太多了，她们之间有非常大的区别，不可能用一款产品让全天下所有的母亲都满意。是"老年的母亲"还是"年轻的妈妈"，这有本质的区别，我们应该选定一个特定的群体，逐步与他们建立共情关系。这就是找到产品的超级粉丝的方法。

与用户建立共情的第二个环节是了解超级粉丝的需求。找到了超级粉丝，接下来，我们可以通过问卷调查、面谈等方式，来了解这些超级粉丝的习惯和需求。值得注意的是，我们并不需要通过问问题来了解用户的习惯和需求，我们真正需要做的是倾听，安静地在一旁听用户说。用户说得越多，你发现的问题越多，后续产品的设计才越有针对性。

与用户建立共情的第三个环节是将用户的意见写成场景描述。比如，用户说："当我心情不好的时候，我就会浏览××APP。"这就是这个APP的使用场景。一旦我们抓住了场景，其实也就等于帮助用户建立了认知。

学习与用户共情，能帮助你改进自己的设想，增加成功概率。

2. 解决市场的问题

对产品进行准确的市场定位，能使产品进驻自己所指定的细分市场，抓住潜在客户，扩大产品销售，会使企业利益最大化。市场是产品能够满足其需求的人群，品牌的定位、传播策略都基于市场来制定的。

要想占据市场，企业需要知道，产品到底为谁、带来什么好处，以此来制作自己的推广宣传内容，所以市场工作也需要做大量的用户调查。同时做推广时需要关注流量到来之后是否能够带来付费转化，如果带来的都是"看热闹"的，那么你就需要去反思调整优化自己的推广方式。

以米勒啤酒重新定位旗下一款"海雷夫"牌啤酒为例。

为了改变市场份额低的现状，米勒公司决定采取积极进攻的市场战略。他们首先进行了市场调查。通过调查发现，若按使用率对啤酒市场进行细分，啤酒饮用者可细分为轻度饮用者和重度饮用者，而前者人数虽多，但饮用量却只有后者的1/8。他们还发现，重度饮用者有着以下特征：

多是蓝领阶层；每天看电视 3 个小时以上；爱好体育运动。米勒公司决定把目标市场定在重度使用者身上，并果断决定对米勒的"海雷夫"牌啤酒进行重新定位。重新定位从广告开始。他们首先在电视台特约了一个"米勒天地"的栏目，广告主题变成了"你有多少时间，我们就有多少啤酒"，以吸引那些"啤酒坛子"。广告画面中出现的尽是些激动人心的场面：船员们神情专注地在迷雾中驾驶轮船、年青人骑着摩托冲下陡坡、钻井工人奋力止住井喷等。结果，"海雷夫"的重新定位战略取得了很大的成功。到了 1978 年，这个牌子的啤酒年销售达 2000 万箱，仅次于 AB 公司的百威啤酒，在美名列第二。

所以，市场定位就是要把消费者进行市场细分。每一个消费者群就是一个细分市场，每一个细分市场都是具有类似需求倾向的消费者构成的群体。可以从以下方面进行市场的细分。

地理细分：国家、地区、城市、农村、气候、地形。

人口细分：年龄、性别、职业、收入、教育、家庭人口、家庭类型、家庭生命周期、国籍、民族、宗教。

心理细分：社会阶层、生活方式、个性。

行为细分：时机、追求利益、使用者地位、产品使用率、忠诚程度、购买准备阶段、态度。

3. 解决传播问题

传播就是企业以品牌的核心价值为原则，在品牌识别的整体框架下，选择广告、公关、销售、人际等传播方式，将特定品牌推广出去，也是劝说消费者购买品牌以及维持消费者品牌记忆的各种直接及间接的方法。品牌推广是告知的方法，是企业塑造自身及产品品牌形象，使广大消费者广泛认同的系列活动过程。

许多品牌的传播内容没有任何感染性，不管是硬广还是公关，都是干巴巴的内容，消费者看了就算了。稍好一点的传播，会使消费者在宣传的影响下产生一点购买欲，但不会有消费者替品牌传播。而我们需要的是，知道了我们的宣传后，消费者免费替品牌宣传，并且一波一波传递下去。让品牌的宣传成本几乎为零，效果却可以无限放大。

传统的品牌自上而下地强制性传播，消费者"被迫"看见品牌信息。品牌无法第一时间收到消费者的反馈，消费者也无法和品牌产生对话。用户帮品牌的传播也只停留在口口相传层面。现在除了传统渠道外，消费者也能在各种 APP 平台上看见各个品牌的信息，能按照自己的喜好挑选品牌。从传统的品牌主权到消费者有权选择自己喜欢的，就产生了两个问题：一是消费者想传播什么，二是为什么传播。消费者想传播的往往是走心的服务或产品，或者是体现消费者审美和价值的产品。所以，想让消费者自主去传播，就要打造极致的产品，让消费者走心。

没有消费者愿意发一条自己很排斥的硬广内容。他愿意发的内容，一定是代表了自己的审美品位，正是因为喜欢，才愿意自发传播。这是个循环的、不断裂变的逻辑。因为消费者不论发在朋友圈还是公域，这个内容本身同样也是品牌内容，会被其他消费者看见，不断发生种草→体验→传播→种草……的过程。一旦实现了这个过程，品牌也就有了更多变现的几率，能够收获更多的消费者。

如何让产品变成品牌

在生活中，我们经常发现一些有意思的现象：同样材质的衣服，有的标价十几元无人问津，有的却标价上百元人们依然乐于埋单。其根本原因在于前者仅仅是一件"商品"，而后者是一件带有品牌标志的"品牌商品"。一个有品牌，一个没有品牌，那么，变现的价格和消费者群体都会发生特别大的变化，这就是品牌造成的价格差异。普通的商品价格受到市场供需和市场定位的支配，但是品牌会让产品摆脱这一支配。当企业产品变成品牌时，企业就不但控制了定价权，还与消费者建立了深厚的情感，让消费者持续不断地消费某一品牌。这就是品牌溢价。

所以，产品仅为一件商品，而品牌却包含了很多东西。简明扼要地说，品牌应该是目标消费者及公众对于某一特定事物的心理、生理、综合性的肯定性感受和评价的结晶物。感受好，评价高，品牌价值就高，反之则低。人、风景、艺术家、企业、产品、商标等都可以发展成为品牌对应物。

大多数产品只具备一个品牌的名称，却不一定是真正的品牌，衡量一个产品是不是品牌，要看它是不是具有溢价能力。具有品牌的产品，质量相同的情况下也可以卖出比别的产品更高的价格。另一个检验产品是否升格为品牌的方法是粉丝数，这里的粉丝指忠实粉丝，会经常与你互动，而不是为了拿到好处而故意"粉你"。

研究一个产品需要几个月的周期，成就一个品牌需要多年的不懈努力。当下，品牌越来越多地影响了消费者选购的倾向。但是放眼国内，可以称之为品牌的产品凤毛麟角。要成就一个品牌需要优质的产品、精准的产品定位、有效的传播手段、广泛的传播途径、新颖的创意思路、强大的资源背书以及整体的品牌传播脉络等。经过大量的资金支持、严谨的规划脉络、长时间的积淀，产品可以形成优质的品牌。

对于现代企业或者是想经营成功的企业来说，没有什么事情是比建立企业自身的品牌形象更为重要的，现代社会的企业竞争是品牌化竞争的阶段。在当今品牌为王的世界，更多的企业开始注重品牌塑造和品牌营销，只有把产品打造成品牌，才会拓宽变现之路。

消费者选择品牌，是出于情不自禁的喜爱，不必比较，就是毫不犹豫地购买、自动自发地享受。让消费者爱上你的产品，就必须在潜意识中感觉这个物产品不只是产品或服务项目，而是一个"人"。

那么，如何把产品打造成品牌呢？

第一，由产品向品牌的过渡不是随性而为的，也不是空想，而是建立在消费者和市场的需求上的，只有市场有需求才会诞生品牌。以手机为例，如果不是经济发展造成的对智能手机的需求，大家依然停留在老年机、翻盖手机的时代。所以，第一步要做消费者需求调查和市场调查，然后对消费者的行为习惯、年龄、观念、爱好等进行细化调查。

第二，调查市场上与你产品同类的产品。分析竞争品牌，分析他们的弱势和优势，对竞争产品优秀的东西吸引利用，对弱势的地方加以规避，如果竞争对手过于强大就不能硬碰硬，要另寻出路，走小而美路线。

第三，了解自己产品具备的特点、优点及缺点。所有人都会把自己的产品当成孩子，很容易看到自己孩子的优点和特点，却不容易说出缺点。企业既要了解产品的优点，更要了解产品的缺点，改掉缺点才能充分发挥优点，也才能向品牌之路迈进。

第四，对品牌的初步规划。品牌初步规划，包括品牌的定位、命名、个性、主张等。品牌命名要具有特色，要朗朗上口而且具有个性。品牌内涵要清晰，品牌定位的消费人群要明确，这便是品牌的初步规划。在推向市场之前，要进行产品的市场测试和数据分析。

第五，品牌的推广宣传和维护。品牌推广宣传是品牌建立过程中最为重要的一步，前面的几步都是为品牌推广宣传这一步进行铺垫。现代品牌宣传推广的方式主要有三种：第一种是电视广告推广，这一推广方式是最有效的推广方式，也是最为昂贵的；第二种是借助户外广告牌，这种方式具有地方局限性，但是具有较强的针对性；第三种是随着互联网繁荣而随着诞生的网络宣传，如网络视频插广告、软文推广广告、短视频广告等方式。建立品牌需要长久的维护过程，同时，也需要持续地对品牌进行宣传推广，当品牌形象受损时企业要重点注意，如产品出现问题时需要谨慎面对。

品牌的差异性和符号性

好的品牌一定与普通大众品牌是有区别的，比如，同样做火锅，海底捞就与众不同，海底捞不仅是餐饮界具有差异化的品牌，也代表一种符号，那就是极致服务的文化调性，从而让人们发出了"海底捞你学不会"的感叹。所以，打造品牌就是要打造一种差异化和符号性，让你在众多品牌中脱颖而出，成为佼佼者。

品牌的差异化正是品牌的变现点，一个产品没有卖点，或者说没有区别于竞争对手的差异化，是无法成为品牌的，就如同白羊群里的一只白羊，很难被发现。反之，品牌只有具备了产品差异化，才能有鲜明的卖点，就像白羊群中的一只黑羊，可谓是一枝独秀。

那什么是差异化呢？企业不是简单地给出一个低价就有了差异化，而是能向买家提供有价值的独特性，那么它就和竞争对手形成了差异化。一旦你的差异化努力能为你的产品和服务带来更高的售价，那么你就拥有一个差异化竞争优势了。

在《与众不同》一书中，"差异化"关乎品牌的生死存亡。消费者在众多选项中做出选择，常常是因为差异化。如果某个品牌具有明显的差异化，消费者能从理智上接受这种差异化，品牌就能在消费者心智中留下深刻印象，所以必须给消费者一个选择你的理由。任何东西都能实现差异化，但是必须找到一个独一无二且有意义的差异点。

品牌所形成的差异化战略是指为使企业产品、服务、企业形象等与竞争对手有明显的区别，以获得竞争优势而采取的战略。这种战略主要提及的是独特的产品和服务，实现差异化战略，可以培养用户对品牌的忠诚。差异化战略是使企业获得高于同行业平均水平利润的一种有效的竞争战略。

当一个品牌绑定某一个具有差异化的品类后，最佳的做法是使其产品承接品类，将品类特性作为产品特性，围绕差异化品类进行产品设计。如若品类本身是一个成熟的品类，不具有差异性时，产品则需要体现品牌定位，由定位指引产品的设计。无论是品类差异还是品牌差异，产品必须直接体现差异化，从众多同质化产品中脱颖而出。

一个典型案例是老板大吸力油烟机。在老板电器开创新品类之前，吸油烟机的品牌有海尔、美的、方太、樱花等，品牌特点都是免费更换过滤网或者十年上门服务等，同质化很严重。老板电器洞察到中式厨房油烟大，顾客需要吸力大的油烟机，于是开创了大吸力油烟机这个新品类。老板电器的创新就全部聚焦在大吸力技术上，不断更新迭代，建立品牌护城河。

在商业发达的今天看来，大部分商品卖得好，有卖点都脱离不了"差异化"。比如，曾经牙膏就是牙膏，洗发水就是洗发水。今天，要领悟"差异化"的最绝妙的方法，就是去超市的牙膏货架前，花半小时时间细细地看一遍。就会发现牙膏有美白的、坚固牙周的、防敏的、防龋的；洗发水有控油的、去屑的、柔顺发质的、防脱发的……这就是差异化策略。

消费者每天接收到的信息繁冗又复杂，对品牌的差异感知度也越来越弱。因此，如何在新的商业时代下完成品牌战略和品牌差异化变得尤为重要。

差异化不仅是一种战略，还是一种思考方式，一种来自倾听、观察、吸收和尊重的思维。成功的差异化思维给予品牌更多机会，使其在市场上更有竞争力。

在打造差异化符号方面，以下几种方法可供参考。

1. 重新定义品牌所属的品类

同样卖冰激凌，哈根达斯将冰激凌定义为爱的体验，而非简单食用品，无论从定位还是价格、品位都堪称是走出了真正的差异化。

该品牌的一份85克的冰激凌球价格高达34元，冰激凌套餐在80元以上，一般人均消费60～70元。恋爱中的男女买不起高昂的礼物，但也想要去体验一次该品牌的冰激凌，这是一种表达爱最直接的方式，也是体验浪漫爱情的心灵旅程。独具特色的产品体验，配合独特的定位，实现了比同行多出30倍的利润。

2. 打破常规认识，赋予产品独特的地方

玫瑰花有多奇特？花七八十元钱，你随处都能买到12朵。然而，鲜花品牌ROSEONLY卖的12朵玫瑰花消费者却要花99元钱才能买到，即使如此，仍然深受消费者追捧。

该鲜花品牌的目标顾客是都市白领，追求浪漫时尚有品位，所以，他们锁定其中的1000万人，满足他们用最美丽的玫瑰花传递爱的诉求，因此营销定位于"爱"。

有趣的是在其粉丝达到40万时，粉丝群体中80%是女性，但购买群体中 70%～80% 是男性。目标顾客在购买玫瑰花时，会全渠道地搜集信息，选择最好的玫瑰花，消费过程也会多渠道地与朋友分享，发微信、发微博、口碑传播等。

为了表达高贵、浪漫的爱情定位点，公司选择最好的玫瑰花，而且选择最好的玫瑰种植园。包装也是精心设计，花盒上有提手便于提拿。顾客可以根据自己的需求在网上和实体店铺定制。为了表达爱，公司采取了高价格策略，一支道歉的玫瑰零售价 399 元，表达爱的玫瑰平均零售价为 1000 元。品牌的信息通过网站、网店、名人微博、微信、Email 以及实体花店等进行全渠道的广泛传播，诉求的主题为"一生送花只给一个人"。顾客下订单、交款也可以采取线上线下的全渠道形式，不过需要进行身份认证，一旦注册，一生就只能给一个人送花，公司不会负责给第二个人送花，以突显"一生爱一个人"的价值定位。顾客可以到实体花店自提，公司也可以接受送花上门，与其他送货员不同，ROSEONLY 的送花者都是时尚、帅气的小伙子。这就是为普通的玫瑰花赋予了独特的意义，从而打造出了差异化的品牌营销策略。

再比如 Beats 耳机，不跟市面上的其他耳机拼质量和音质，而是在外形在做文章，采用大胆鲜明的风格戴耳机成了给服装配饰，因此，靓丽出位的外形是 Beats 给消费者的第一印象，也是 Beats 与其他品牌耳机的第一个区别。

3.打破常见套路，把产品卖成体验

例如，咖啡品牌星巴克通过"烘焙工坊"的概念为消费者带来了全新的品牌体验。这种展览式的大型门店寓教于乐，让消费者能够亲临咖啡烘培现场，同时又置身于咖啡厅的温馨环境。星巴克"烘焙工坊"左边是主吧台，右边是烘焙区。消费者能听到现场碾磨咖啡豆的声音、呼吸到浓郁的香气、品尝到调配和火候都恰到好处的咖啡。所有这些体验都凸显了品牌的差异性。因此，消费者将星巴克视为一个更为进取、数字化和高端化的品牌，而不只是一家咖啡连锁店。

4. 逆向思维打造另类价值主张，吸引用户

一个品牌正如一个人，有着它的核心价值观。一个独特的价值主张能够吸引到相同的人，使之产生很强的归属感和认同感。

比如知名家居品牌宜家就是逆向战略品牌的代表。想象一下，你要买一些家具，进了一家传统的家具店，销售人员从一开始就跟着你，随时介绍产品；买完以后还提供送货服务，把买到的家具直接送到你家；他们还把家具设计得结实耐用，这样你就不用经常更换家具。但是宜家刚好相反，他们没有任何购物协助，你就可以随意选择；他们也不提供免费的家具配送和组装服务，但正是这一点，消费者可以自己动手组装家具，反而更加喜欢购买的家具；他们也不承诺自己的家具结实耐用，反而鼓励消费者几年后就换掉，这样他们的家具也就更平价，设计更时尚。

从上面案例不难看出，真正的差异化无非是人无我有，人有我优，人优我特，人特我更特。

需要注意的是，虽然创新的形式可以灵活多变、内容可以精彩纷呈，但"以顾客为本"的宗旨不能动摇，否则，很容易走入"为求新而求新"的误区，与营销初衷南辕北辙。只有时刻秉承为顾客着想、让顾客满意的追求和诚意，差异化的道路才会越走越宽，"求新"的源泉才不会枯竭。

打造品牌差异化需要重视以下三个方面。

一是这个产品是消费者最关注的产品，所提取的一个卖点一定是消费者最关心并且也是最关注的。而且这个卖点可以解决消费者最困难的问题。例如，就去屑洗发水而言，去屑问题就是消费者最关注的因素。去屑直接影响了消费者头发干净程度，因此，去屑效果好是解决消费者最关心的问题的核心因素。

二是产品本身具有的特质。产品能打动消费者的最深刻的一个点就是产品自身实实在在具有的特质或者属性，它并不是商家吹嘘出来欺骗消费者的噱头。例如，去屑洗发水的去屑效果是消费者最关心的一个卖点，那么产品如果以去屑为主要卖点，务必要有能证明去屑效果好的有力证据。

三是竞争产品目前还不具备的卖点。产品差异化的卖点，目的就是与竞争对手的产品区别开来。谁的产品卖点被率先推出，最先抢夺消费者眼球，相当于已经完成了市场位置占据，与此同时也在消费者心目中留下了深刻的印象。此后，如果再有相类似的卖点产品进入市场，门槛将会变得很高。

定位的基本法则

在产品高同质化和分化的时代，必须为企业的品牌在消费者的心目中占据一个独特而有利的位置，当消费者对该类产品或服务有所需求时，企业的品牌能够在消费者的候选品牌类中跳跃出来，这就是定位的意义。品牌定位是有一些基本法则的。

我们说成也品牌，败也品牌，在品牌时代，企业只有做正确的品牌定位才能助力企业的发展，品牌定位也是在定企业的生死。所以，了解品牌定位对企业来说非常关键。品牌定位都有哪些法则呢？

1. 借势定位法则

中国有一句古话叫作"时势造英雄"。为什么时势能造就英雄？至少有两个方面的原因：一是迫于形势，很多品牌不得不另谋出路，这也很符合中小企业创业的竞争环境基本上不用奢求蓝海，全是红海；二是独具慧眼，看到形势的未来走向，或顺势而为，或推波助澜。品牌借势定位就是通过借助形势来提升本品牌的形象。借势就是借助有势能的人或物，这个人或物可以是环境，可以是名称，甚至是一个场所、一个观念等。说得直白些，就是一切对你自己的定位有利的"已知信息"。这个已知信息，最好是显而易见的、人人都知道的，并且有号召力的。成功的品牌，就是做别人眼里成功的事情。借势就是借一切有利于自己定位的认知，但借势的前提是自我定位清晰。

2. 利益定位法则

利益定位就是能为消费者提供利益、解决问题的定位。依据消费者的心理与购买动机，寻求其不同的需求并不断给予满足。消费者能记住的信息是有限的，往往只对某一利益进行强烈诉求，容易产生较深的印象。比如，宝洁的飘柔定位于"柔顺"；海飞丝定位于"去头屑"；潘婷定位于"护发"。

3. 优势定位法则

定位最终达成的是"人无我有，人有我优，人优我特"的目标，只有这样才能让消费者从竞争者那边跑过来。品牌定位就是品牌的角色，它的作用就是让消费者对品牌形成直观性的认识和区隔性的认知。品牌价值就是品牌的承诺，所表明和传递的是品牌能满足哪些需求、能创造哪些价值，它代表着品牌能够给予消费者的利益，是让消费者从品牌的价值到自身的需求之间产生联想，因此而形成关注和尝试。比如，王老吉把凉茶定位为"怕上火，喝王老吉"，再告诉消费者"熬夜看球、加班、加点、吃火锅，都要喝王老吉"，结果把它变成了消费者的刚需。也就是说，本身不是刚需的一个东西因为它的广告语被塑造为刚需，这说明人的心智是能够被影响而塑造的。

4. 靶向消费定位法则

你的产品是什么不重要，重要的是谁来买的产品，这也就是靶向消费定位法则要解决的问题。该定位以某类消费群体为诉求对象，突出商品专为该类消费群体服务的特点，来获得目标消费群的认同。把品牌与消费者结合起来，有利于增进消费者的归属感，使其产生"这个品牌是为我量身定做"的感觉。比如，小米和江小白之所以能够收获很多的"米粉"和"江粉"，根源在于他们精准定位"80后""90后"的年轻消费者，让他们感觉到小米手机和江小白酒是为他们做的。品牌要做的就是给某一群体带上身份标签，去倾听他们的声音，重视他们的需求，给予他们最大的尊重。

5. 市场空白点定位法则

品牌在红海中找到蓝海，往往是找到了市场的空白点，发现了别人没有重视或竞争对手还没得来及占领的市场，从而推出自己的品牌去满足这一空白市场需求的产品或服务。商机往往就隐藏在常规之外的认知空白的地方。因为，常识并不能带来区隔价值与竞争优势。与众不同的先见之明有利于开创新的事业，有助于创造新的价值路径和新的可能性。很重要却无人知晓的事情，增量空间巨大、增长势能巨大、利润空间巨大，大有可为。别人不知晓的，也许就是最佳商机和最佳路径。比如，瓜子二手车的定位是：没有中间商赚差价。这样的卖点是通过研究竞争对手洞察出来的。传统线下二手车和线上的二手车平台中间有非常多的环节，有机构、有个人，再到消费者手里。该二手车平台洞察到对手的这一弱点，站在了他们的对立面，所以才有"没有中间商赚差价"的定位。

6. 档次定位法则

商品有档次，消费者也有档次，如果把高档、中档、低档，不同档次的品牌定位给不同消费档次的消费者，那么就会产生很大的契合度，也容易变现。如劳力士的"劳力士从未改变世界，只是把那留给戴它的人"、江诗丹顿的"你可以轻易地拥有时间，但无法轻易地拥有江诗丹顿"和派克的"总统用的是派克"的定位。房地产著名案例"给你一个五星级的家"也是典型的档次定位。再如消费者购买家电产品都希望售后服务能跟得上，这就是消费者的利益点，海尔为了体现自己的品牌形象，就推出自己的服务热线，主动与顾客进行沟通并解决问题，同时大力传扬自己的优质服务，逐渐创造出一种"真诚到永远"的品牌形象。其实家电产品的服务都差不多，为什么就海尔塑造出了"五星级优质服务"的品牌形象？主要是因为他们最早看到消费者的利益点，因此抢得先机，在消费者心中牢牢树立了自己的形象。

7. 价格质量定位法则

产品的质量和价格往往是消费者最关注的因素，无论是卖东西的人，还是买东西的人，都应该知道一个道理——便宜无好货。可是站在卖者的角度来看，无不希望用很高的价格卖出自己的东西，无论这个东西质量好或者不好；站在买者的角度，则是希望自己能够用最低的价格买到最好的东西。卖者和买者形成了博弈，但商品的质量和价格却是辩证统一的。站在销售者的角度来看，无视商品质量，削低价格去竞争，或者夸大商品的质量，盲目地哄抬价格，都非明智之举。所以，产品的价格要对照质量来进行定位。比如，某品牌伞在进军美国市场时，备受冷落。他们认为一定是因为自己的伞太低档，于是下大力气，提高自己产品的质量层次，但结果在美国市场仍不受欢迎。该品牌伞大感不解。这时，有位营销专家建议应该把质量定位在最低层次上，成为一次性产品，肯定能打开市场。制伞厂老板如法炮制，果然一举奏效。现在，该品牌低档伞在美国占据了主导地位。

8. 文化定位法则

品牌文化被分为大众文化和小众文化，在不断演变中，大众文化常常会过渡迁移到小众文化。将文化内涵融入品牌，形成文化上的品牌差异，这种文化定位不仅可以大大提高品牌的品位，而且可以使品牌形象更加独具特色。比如，红牛饮料就是品牌通过文化主张将品牌传播变成文件活动的一个例子。红牛通过介入真实世界来提升自己——拍摄纪录片，以运动员和大众为主角，而非虚构一个故事。打造出一个又一个极限运动的场景，让消费者产生了如果没有红牛的极限运动会是什么景象？这就是文化定位的魅力。

定位需遵循的USP理论

USP理论即"独特的销售主张",表示独特的销售主张或"独特的卖点"。"定位"和"USP"是一对亲兄弟,不同的是USP是突出产品某个特性,而定位是在"心智阶梯"上突出某个特性。USP是努力在产品上寻找,而定位可以想方设法地在消费者认知角度里去找。

一个品牌的根本力量就在于它能够产生影响购买行为的能力。由品牌提供的差异信息在顾客认知中因与众不同而产生识别,经顾客识别后确认这种差异对其具有价值和意义从而占据其心智中一席之地,当顾客今后产生某种需求时,该品牌在顾客心智中产生预售效应并最终赢得选择。USP理论中的独特卖点往往也与定位理论中的差异化特性相通,成为定位理论中强调的"特性",因为定位理论强调"品牌是品类或(及)特性的代表"。只不过,USP强调的特性主要是基于产品本身,而定位的特性更加强调心智,也因此,定位理论中寻找特性的范围更广了。

我们每个人随时都在接触各种信息,而真正能接收的信息却非常有限,相信大家都有在商场买东西挑花眼的经历,因为信息实在太多了。所以人们都喜欢简单的信息,当我们要买一杯饮料时,最好能有东西帮我们快速做决定,这就是我们心里对饮料的认知,这个占据我们心智的认知就是定位。

定位和 USP 一样，要求我们从用户的需求出发，而不是一味地宣传自己产品有多好。《营销理论》一书中提出，一个 USP 必须符合以下三项要件。

（1）每则广告都必须为消费者提供一个卖点。每则广告都必须说："买了这个产品之后，你就可以获得这样的好处。"

（2）每个卖点都必须是竞争对手所没有或无法提供的。这就是独特销售卖点的精髓所在。光是提供益处并不够，你还得让产品有别于其他同类产品。

（3）产品的卖点一定要够吸引人，才能让众多新顾客投向你的产品怀抱。所以你的产品不能只是在小地方做出区隔，这个独特的卖点必须是足够重要的。

以上三点所阐述的营销核心，正是定位的核心。用一句话总结就是，真正的定位就是要向消费者传递一个独特、单一、有销售力的产品功能主张和卖点。这也是定位需要向 USP 学习的精髓之处。一般而言，在同质化市场中，很难发掘出独特的销售主张，但也有例外。比如，白加黑感冒片，就是在高度同质化的状态中找到了实质性的突破。用干脆简练的广告语"治疗感冒，黑白分明""白天服白片，不瞌睡；晚上服黑片，睡得香"，靠这个定位分割了感冒药市场不低的份额。所以，这是一个了不起的创意和定位，它不仅在品牌的外观上与竞争品牌形成很大的差别，更重要的是它与消费者的生活形态相符合，达到了引发联想的传播效果。

再比如，"累了困了喝红牛"，"胃酸、胃疼、胃胀，就用斯达舒"，这些都是 USP 理论定位的功劳。

USP 定位经久不衰，可以说到目前为止，绝大部分品牌的定位，尤其是科技创新产品、工业产品，都基本遵循了 USP 定位法则。甚至 USP 也反向引导了工业设计和创新思维，简单、极致、功能主义、单点突破，这些新概念或多或少都有 USP 的影子。USP 之所以在定位和广告方面的效果显著，是源于认知行为的一个简单事实：在广告如潮水涌来的今天，人类大脑对信息的处理方式是，选择相信某个说法，然后把这个信念一直保持下去，直到被强制性地改变。

我们以"公牛插座"案例来说明：

公牛插座将自己定位于"安全插座"，广告语"选公牛就是选安全"。做插座的品牌非常多，大多数定位是空间实用、结实耐用以及安全好用。而公牛插座最初的主要定位为"用不烂的插座"，这就是一个耐用结实的范畴，跟其他同类型的产品来比，不具备"独特卖点"，也就是说通过这样的定位基本没有多大变现可能。公牛通过调研能够发现这样的现象：各个家庭使用的插座都是放在孩子不容易触及的角落里，放插线板的地方总是落满灰尘，因为打扫卫生时会尽量避开插座，孩子会被不断告诫远离插座，遇到打雷天气，很多家庭会拔掉电视机的插座……为什么会有这样的现象？因为大家对"电"有一种发自内心的恐惧，触电危险、火灾危险、雷击危险等，都会与"电"有关，而"插座"在用电安全中发挥着非常重要的作用，因插座松动、漏电而引发的触电事故、火灾事故非常多，这就构成了消费者内心的一个"独特的"痛点——用电危险，于是公牛插座用 USP 理论确定了使用至今的卖点——安全。

所以，想要让定位更具备特色和差异化，找到属于品牌的卖点，需要把定位和 USP 一起来考量，那样才能让定位更容易出彩。

第3章
品牌变现底层逻辑：品牌打入市场的前提

确定你的品牌元素

品牌是一个名称、专有名词、标记、符号、设计，或上述元素的组合，用于识别卖方或销售集团的商品和服务，并将其与竞争者商品和服务区分开来。因此品牌有两个功能：一是对自己的产品进行标志，二是将自己的产品与其他品牌的产品区分开来。

品牌元素简单来说就是构成一个品牌的主要内容，所以也可以称为品牌的"内容要素"。品牌元素既有视觉的、具象的，也有感官和抽象的。品牌的最核心的元素是该品牌背后所体现出的价值，无论是有形的商品，还是无形的服务，能够被公众所认可，说明产品和服务是公众所需要的，并且能够为公众带来不同程度的利益或者价值。如果把一个品牌比喻为"人"，那么品牌后面的价值就要体现出"美好与诚信"。

品牌元素所要体现出的特点有以下几个方面。

（1）品牌要具备很高的辨识度。无论是大品牌还是小品牌，从产品设计、名称和包装等要让消费者很轻易地认出这个品牌。以一些知名品牌为例，无论在哪里，只要看到这些品牌的 logo，就很容易辨别并记住它们。

（2）要有区别于竞争对手的独特价值，这种价值要能够满足目标消费者的需求。比如，苹果公司提供独特的电子产品，海尔提供了"真诚到永远"的服务,这些就是品牌价值。

(3)要持续性地为顾客提供独特价值。许多大的品牌都能够持续性地创新去满足顾客需求,长久地为顾客提供独特价值。这是维持顾客对品牌忠诚非常重要的点。

回顾我们熟知的大品牌,它们之所以成为响当当的品牌,核心价值有以下几个方面。

(1)使用和应用价值。一个好的品牌必须让人使用起来舒服,想用它,并且感觉到有使用价值。

(2)体验和情感价值。产品的体验度很关键,吃的东西口感要好、用的东西手感要好、穿的东西体感要好……就是体验不能差,如果在体验和使用的基础上对其产生了部分情感,那么这个产品就是体验和情感价值并具,它的品牌就能深入人心。

(3)象征和回味价值。汽车、饮料、家电等多种产品,无论是其企业的宣传口号,还是使用过程中的象征意义,都能对人的心理和情感产生一定的刺激,比如"更快、更高、更强""飞得更高""永无止境"等,产品本身具有象征意义,使用起来就会想到这个意义。

(4)持续和创新价值。一个产品的创新,不能是三天打鱼,两天晒网,要有其持续性。但也不能故步自封,传承的同时需要创新,既要保持主线,又要多条路发展……

以上就是品牌元素体现出来的价值。那么,品牌元素都包括哪些呢?

1. 品牌名称

无论什么品牌都有一个被人称呼的名称,一个知名品牌的打造,必须经过长期的、科学的品牌传播过程。而在品牌传播过程中,品牌名称永远是内容的第一要素。

许多优秀产品和著名品牌，都是靠着名称和广告而走入千家万户的。比如：

白加黑感冒片：白天服白片，不瞌睡；夜晚服黑片，睡得香，消除感冒，黑白分明；

王老吉凉茶：怕上火喝王老吉；

士力架巧克力：横扫饥饿，做回自己；

养元六个核桃：经常用脑，多喝六个核桃；

绿箭口香糖：清新口气，你我更亲近；

英特尔：给电脑一颗奔腾的芯；

丰田汽车：车到山前必有路，有路必有丰田车；

李维牛仔：不同的酷，相同的裤；

……

2. 品牌颜色

每一个品牌都有属于自己的颜色，色彩代表思想，可口可乐的火红，海尔的天蓝，都是品牌理念在外部色彩上的反映，也是品牌个性在颜色上的外化。专有的标准色具有极强的视觉识别性，比如无论在哪个城市，人们一眼就能认出麦当劳、肯德基、必胜客的装潢标志色。

3. 清晰明确的价值

如果说名称和颜色是一个品牌的外在元素，那么品牌还需要一些丰富的内涵，这个可以称之为抽象的元素。品牌体现出的价值观和鲜明的利益承诺，才是一个品牌的灵魂。IBM之所以被称为品牌，显然绝不仅因为它有能够识别的几个字母，更重要的是因为它为人们提供了"四海之内的解决之道";HAIER 之所以成为海尔品牌,也不仅是它简单的拼音组合,更在于它的"真诚到永远"。

4. 高雅文化内涵

产品有生命周期的,具有阶段性的局限,文化才是永恒的。无文化的产品可能会畅销一时,但绝不会风光无限,这是因为不少策划家将产品赋予永恒文化内涵,才使得其品牌得以永久存在和生生不息。人们追求劳斯莱斯品牌车,不单只是为了解决出行方便的问题,更是为了显示身份与地位;孩子们迷恋麦当劳、肯德基不单只为了满足口味,而是同时在追寻那快乐和温馨的氛围;美国富翁搭载飞船上太空,不是为了科研考察,而是为了显示身份地位及满足好奇心。

品牌的核心价值要贴近消费需求

品牌靠卖出产品才能变现,谁来买你的产品谁就是上帝,所以品牌的核心价值就是要贴近消费者的需求,并且能够带给消费者利益,这样才是有价值的,才能变现,否则品牌做得再好,只是自娱自乐而已。

好品牌一定是走入消费者内心的品牌。品牌深入人心,让品牌植根于消费者心智,品牌与消费者之间的沟通不再是产品基础层面的沟通,才能突破流量为王到消费者为王的时代。

品牌的核心价值不是企业自有的,它来自于消费者的心声,可以说消费者才是企业最好的老师。一个品牌的核心价值只有贴近消费者的内心需求，体现出对消费者的细致关怀，才能拨动消费者心弦，让他们心灵受到感染、震撼，从而获得消费者的认同、喜爱和忠诚。

品牌的核心价值是基于企业对顾客价值创造的外在表现形式。品牌核心价值必须贴近顾客需求，紧紧围绕企业产品或服务本身提供的功能利益或情感利益，并且与顾客的利益产生关联。换句话说，品牌的核心价值可以是基于对顾客价值的功能利益表达，也可以是情感利益表达，对于企业品牌而言，它的核心价值应该按产品或服务的特质对目标顾客起到最大的利益关联，并且能与竞争者形成鲜明的差异。

品牌的核心价值能否触动顾客的心智成为企业营销活动成败的关键，更是企业立足市场的根基。品牌消费逐渐成为顾客自我表达内心世界、价值观、审美情趣，甚至是个人身份地位的载体途径。开名牌车的人是想表达自己高贵、有品位的生活状态；成为"米粉""江粉"的年轻人是在彰显自己的个性与自由。如海飞丝解决消费者生理上头屑多的问题，在心理上带给消费者自信，让消费者更自信地工作和生活；王老吉的诉求是预防上火，在心理上是带给消费者想吃就吃的畅快感。

品牌的核心价值在满足消费者心理的时候，也分阶段，在创立初期以消费者生理需求为出发点，在获得消费者认可以后就要以消费者的情感作为诉求点。比如，20世纪90年代，电话充当一种工具，其核心价值是更快、更好地与亲人沟通；在"大哥大"出现后，手机变成一种身份的象征；随着智能手机的出现，手机又有了不同的价值，如游戏、拍照、听音乐等。

作为价值，必须通过产品、服务当然也包括传播把价值提供和传递给顾客。因此，核心价值不仅要体现在传播中，更要体现在营销乃至整个企业价值链中。品牌的核心价值是品牌向消费者承诺的功能性、情感性及自我表现型利益，如果仅仅在传播上得到体现，营销策略如产品功能、包装、分销未能有效体现品牌的核心价值或干脆背道而驰，消费者就会一头雾水，大脑中无法建立起清晰的品牌形象乃至根本不信任品牌的核心价值。

来看一个案例：宝洁公司在确定品牌的核心价值上也曾犯过错误。宝洁曾经推出一种小孩用的纸巾尿裤，它的核心价值是"方便、干净"，解决孩子母亲"换尿裤"之苦。产品上市之初，宝洁雄心勃勃，花了一亿多美元进行市场宣传推广，然而结果出乎意料，产品备受消费者冷落。原因何在呢？宝洁通过深入的市场调研发现，纸尿裤的品牌诉求存在问题。在日常生活中，"换尿裤"是母爱的一种体现，所以母亲选择尿裤一般不太注重"方便"，即使想买"方便、干净"的纸巾尿裤，也怕被人指责为不负责任，缺乏母爱。所以尽管宝洁产品不错，却忽视了消费者的内心感受，因此付出了惨重的代价。宝洁发现了问题后，及时调整策略，把品牌诉求改为"有利于孩子健康"，才获得了消费者的欢迎。

所以，一个品牌的核心价值只有贴近消费者的内心，才能拨动消费者心弦，而使消费者喜欢。所以提炼品牌的核心价值，一定要揣摩透消费者的内心世界，即他们的价值观、审美观、喜好、渴望等。

品牌如何与竞争对手形成差异

《孙子兵法·谋攻篇》中说:"知己知彼者,百战不殆;不知彼而知己,一胜一负;不知彼,不知己,每战必殆。"运用在品牌变现中,就是既要知道自己是谁,也要知道竞争对手是谁,更要知道自己相比竞争对手而言,有哪些差异,这些差异既包括优势也包括劣势。

森林里两个猎人遇到了一只老虎。其中一位马上低下头去系鞋带。另一个人就嘲笑:"系鞋带干什么?你跑不过老虎的!"系鞋带的猎人说:"只要我跑得比你快就行!"选择不同的竞争对手就会导致不同的行为和结果:猎人的竞争者不是老虎,而是他的同伴。如果认为自己在同老虎赛跑,那么注定要失败。品牌打造也是如此,只有知道同类品牌中,如何与之形成差异才是胜出的关键,也才是占领变现领域的关键。

举个简单的例子。在没有汽车的年代,人们对汽车有了需求以后,往往五个人或十个人需要一辆,那么只要制作出来汽车就可以,不需要和其他汽车有区别,能出产出来推向市场就能变现赚钱。再看看如今,汽车五花八门,各大品牌应有尽有,竞争可以说相当激烈,现在去买车,消费者至少有十几个品牌可供选择,那么消费者的第一个问题一定是问:你卖的车和其他品牌的车有什么区别?也就是说,消费者首先想到的就是品牌之间的差异化,如果买什么都一样,还有什么竞争呢?

未来的市场竞争，不再是拼产品，而是品牌能否先于竞争对手在用户大脑里以差异定位抢到高地，也就是抢占某一特性或差异。要想提升你的获客效率和品牌溢价能力，首先要做的事情不是盲目推广产品，而是把品牌的差异化打造出来，然后把这一差异化做深做透，形成强大的推力把竞争对手推开，从而获得消费者的第一选择。比如：

王老吉给消费者的心理烙印是"防上火"；

海飞丝给消费者的心理烙印是"去头屑"；

沃尔玛给消费者的心理烙印是"便宜"；

宝马给消费者的烙印是"驾驶"；

奔驰给消费者的烙印是"尊贵"；

神州专车给消费者的烙印是"安全"；

迪士尼给消费者的烙印是"欢乐"；

……

这些都是品牌与同类竞争者形成的差异。与竞争对手形成差异，要重点关注以下几个方面。

1. 确定目标需求

在分析竞争对手的时候，我们的目标需求肯定就是了解他是如何做起品牌、流量渠道有哪些、订单增长趋势、订单多少、时间发展趋势，这些就是我们的目标需求。

2. 获取数据

获取数据指的是获取我们需要完成目标需求的数据。从目标需求中，我们可以知道，要获取数据有竞争对手的访客数、流量渠道的来源、每天的销量情况，以及他的时间变化趋势是怎样的。在获取这些数据的时候，你首先要知道的就是从哪里去获取这些数据，这个其实不难，从生意参谋市场行情的商品店铺榜，以及竞争情报分析里面基本上都可以获取到我们想要的数据。

3. 问自己一些问题

竞争对手的反应和竞争对手真正的焦点是什么？

竞争对手可能做出什么样的改变？

竞争对手的盲点和错误判断有哪些？

竞争对手对市场行动可能的反应是什么？

4. 竞争对手产品如何定价

同类产品，有的定价亲民比如小米，有的只做高端比如苹果，还有的无论低端、中端、高端产品都有，比如华为。根据自己的产品和同类产品的同质比较，找到自己的定价参考和依据。

5. 竞争对手的主打产品是什么

无论是做什么类型的产品，都会有一个主打产品来形成爆品。比如肯德基主打是炸鸡汉堡、赛百味主打三明治、必胜客主打比萨。虽然这些品牌中也有其他产品，比如米饭套餐、意大利面，但这些都不是主打产品，所以，分析竞争对手就要分析哪个是主打产品。竞争产品是功能特别多，还是只主打一个功能，是满足所有人，还是满足一部分人等。

当我们学会分析竞争对手，才能更容易找到与竞争品牌不同的地方，从而形成真正的差异化竞争。

新品打造的常见套路

不管老品牌还是新品牌，都在不断地推出新品，有的新品一出现就能成为爆品，而有的新品则是花了很多钱推广，效果却并不理想。市面上的新品牌越来越多，想要打造一个永续的品牌，必须重视每一个新品的打造，尤其在资本助力下，在短期内快速打造一个知名的"新品牌"也不是难以做到。只是要明白打造新品的一些套路，才能让新品脱颖而出。

新品打造具体都有哪些模式呢？

1. 以丑为美

之前的品牌一直倾向于正向宣传，比如多在产品功能和颜值上下功夫，"困了累了喝红牛""怕上火喝王老吉""经常用脑就喝六个核桃"，这些都在宣传产品的优点和功效。现在的消费者单靠优点已经不能完全被打动了，尤其是新品上市的时候，有了之前这些老品牌的影响，"好"已经不能完全触动消费者。因为任何一个产品"好"应该是基础，所以，很多新品开始从"丑"上找卖点。比如水果里"丑橘越丑越好吃""外表很丑的糖心苹果"这些挑水果的广告宣传就是利用了"以丑为美"的套路。丑不是真正地去"丑化"，而是突出了低调和内涵，内容更质朴，有一种更高级的意味在里面。这种推广思路就是脱离过度包装，使用高级词汇，在大众审美价值泛滥的情况下，反其道而行之，最后也能达到同样的品牌宣传效果。这种模式没有试图告诉消费者美的重要性，美不重要，在这些品牌营销模式里，"丑"也是要素之一。

2. 充足的设计感

如果说"丑"是为了突出低调与内涵，那么真正的美却是要体现出美的出圈，美得让人欲罢不能，那这就需要在产品的设计上找突破口。这类型的产品往往会给大家的第一印象是"美""艺术范儿""设计感"。比如苹果产品无论是老款产品还是新品，往往要在设计上用心。

好的产品外观设计是建立产品与消费者亲和力的有力手段。在精神与物质极大丰富的今天，消费者越来越注重产品的外观和宣传，对设计感的期望值越来越高。对于消费者而言，仅仅设计良好、功能优越的品牌产品已经不够了，那些能够与顾客进行交流，满足现代人热衷的娱乐性、个性、互动性方面需求的外观设计宣传包装才是好包装。为此，企业在产品设计上开始追求用户体验，希望能够给予外观设计和产品包装使用者身心的快乐或者出人意料的触动，黏住爱尝鲜的消费者。消费者对于很多产品的购买，不再是冲着它的功能，而是冲着那种格调和感觉去的。一个产品的格调和感觉不是在使用后才产生的，大部分是从外包装上和宣传设计上来的。而这种格调和故事的氛围一旦塑造成功，对产品的售价也会有影响。

3. 在原有品类上增加创新元素

消费者喜欢变化，一成不变的东西很难打动消费者。如果利用技术和工艺创新，在原来品类的基础上改变产品外在的形态，甚至仅仅改变包装，使消费场所变了、消费方式变了，也就成了新品类。比如，奥利奥饼干品牌在饼干上卖出了新的元素，"扭一扭，舔一舔，泡一泡"，明明很普通的饼干,却增加了动作,实现了游戏、跨界等新元素。三顿半杯子装速溶咖啡,改变了人们泡咖啡的动作模式,这个罐后续成为了品牌做文章发挥的工具。三只松鼠坚果品牌靠着"开壳器"和"垃圾袋"杀出重围。这些品牌就是在原有的产品和品类上增加创新元素,在品牌营销中突出这种创新元素,让品牌脱颖而出。

4. 打造"新物种"体验

消费者的眼光越来越高,对产品也越来越挑剔,普通的产品很难打动消费者,如果品牌打造一种"新物种",就会让大家产生耳目一新的感觉。创意永远是广告的核心,总有一天,创意将会把无数新物种结合起来,正式成为世界注意力中心点。不过有一点值得注意,不少品牌都意识到需要打造"新物种",如何持续让品牌进入正常轨道,对品牌是一个极大的考验,尤其随着新物种越来越多,大家对新奇事物的期待也会越来越高,想打造真正的"新物种"也没那么容易。

品牌创意不要盲目跟风

创意是什么?简单地理解就是创出新意。不能为了创意而创意,过度天马行空追求新意而不知道路在何方,必须知道创意的目的。真正的创意就是不要盲目跟风,当别人都以为是风口让猪飞的时候,你就要想想不做那只进风口的猪,另辟一个通道,这就是创意的目的。

我们经常会发现这样一种怪象：有些人看到做冰茶、奶茶的品牌做得成功，就一窝蜂去开奶茶店了；看到直播带货模式火了，都去开直播或找网红卖产品了；上半年听到别人说摆地摊能赚钱，就关掉养了多年的实体店全身心投入搞地摊经济了；看到媒体说全聚德、海底捞、狗不理包子出问题了，就一声叹息"餐饮难做啊"，立马又改行了……扪心自问，遍地开花的奶茶店有多少家是成功的？有多少企业通过直播带货发达了？有多少人搞直播成为新一代"直播网红"的呢？现在还有几个人在摆地摊？改行的老板们生意可好？

这就告诉我们，不能跟风，要有自己的独到理解和眼光，有目的性地去进行品牌创意。别人开奶茶店，你就要开个别的店；别人做直播，你可以坚守实体店……

有能力的大品牌从来不搞盲目创意和跟风，它们一直按照自己的模式却活得好好的。它们深知品牌的价值，它们熟知品牌塑造的原理，它们善用品牌的力量，它们是真正的品牌玩家。

品牌创意的根本目的就是更好地解决实实在在的问题，创意就是创出新意，再想想我们平时看到的都是什么样的呢？然后，做到和它不一样，你就已经跳出平庸了。比如，当满大街的宣传海报都是A4纸的时候，怎么做才叫有创意呢？做到和它不一样，是不是可以把它做成扇子形状或者折成手机状的？比如，当所有宣传海报都把内容写得满满当当的时候，怎么做才叫有创意呢？化繁为简，只突出重点内容，是不是也是创意呢？

创意是品牌营销创新的重要途径。但抓什么热点、怎么抓热点却是很多品牌容易忽略的。千万不能为了创意而创意，避免不顾"恶俗"引起的低劣营销现象。品牌创意要注意不涉及政治、宗教等敏感话题，不攻击竞争品牌。必须结合具体的品牌，必须指向具体的人群，必须能够落到具体的媒体，必须能够说清楚流量链条，必须达成确定的传播或营销目的，必须能够被考核。

不是所有普世价值观都可以成为品牌的价值观，品牌价值观必须是普世价值观和品牌本身所能代表的价值观重合的那一部分。这一部分还要经过精密筛选，最终找到一个价值观最优解，能有助于品牌在社会中扮演最受欢迎的角色。

不是所有品牌都适合拍煽情广告来进行创意，就像不是所有人都适合穿同一种风格的服装。品牌的气质是从它一言一行中被感知到的，一条不符合品牌气质的创意广告或设计，对品牌来讲，不仅仅是浪费广告费和时间这么简单，更可能是消耗自身的品牌力，消耗品牌在消费者心中的好感度，消耗消费者对这个品牌的选择筹码，因为品牌气质是品牌力的重要组成部分。

好的品牌创意只有符合品牌气质、品牌个性、品牌定位、品牌阶段，才能让品牌发挥最大的魅力，一窝蜂赶潮流是对品牌的泄力和损毁。

给品牌讲一个动人的故事

讲故事是最有效提高消费者参与度和说服消费者的方法。但如果一个品牌故事没有和消费者产生共情感，那就会让消费者觉得是忽悠。

现在品牌非常多，就像一个大的博览会里面充满了同质化商品的竞争者，如果你能讲出一个非常打动人心的故事，就能脱颖而出。大家都知道世界知名口香糖的品牌益达，益达曾经经历销量直线下降时期，给品牌带来了严重损失，当时益达的高层特别着急，于是翻出了过去成功的营销方案，用"益达口味持久"来进行营销推广，结果销量依然持续往下走。于是益达就花钱请了一个调研公司，他们想知道消费者买口香糖背后的动机到底是什么。开始以为消费者买口香糖可能是吃了大蒜、韭菜或者影响跟心爱的人接吻，结果调查结果一出，公司非常震惊，因为消费者买口香根本没有什么动机。95%的消费者购买口香糖是属于一种无意识的行为，就连消费者自己都浑然不知。经过冥思苦想之后，益达的销售团队和市场团队想到了一个办法，就是用故事去连接消费者的心理。他们推出了一则广告故事，故事讲述了两个年轻人因为益达口香糖而相遇到相爱，最后到求婚，整个过程非常浪漫，感动了很多人。

这个广告效果很明显，不但获得了13亿次的展示量，而且成为广告行业的一个经典案例，广告播完之后益达品牌也从此在消费者心目中占据一席之地，销量也重回巅峰。所以说无论在生活当中还是工作当中，只会讲道理是不够的，你要学会去讲打动人心的故事，这样才能让品牌从茫茫的商海中脱颖而出。好故事能带来好传播，好多消费者可能就是冲着这个故事去埋单的。

比如，可口可乐的创始人很神圣地宣布，可口可乐之所以风味独特，是因为其中含有一种"7X"的特殊物质，而其秘密配方据说收藏在世界某地一家信用极佳的银行里，全世界只有7个人知道这家银行的地址，他们中有5位持有存配方的保险柜的钥匙，另两位知道密码，所以，必须把5

把钥匙同时转动，并对准密码才能开启保险柜。这个故事在全世界得到大量的宣传和讨论，结果就是分享过后，可口可乐又一次获得大量用户。内容会因故事而生动，其实营销就是讲故事，现在各大企业不都在讲自己的故事吗，只有故事才更容易传播和深入人心。

故事对于品牌转化率的效果是惊人的。消费者越来越见多识广，也对强势推销越来越有免疫力。他们需要被吸引住，而不是被告知应该怎么做。故事能有效果是因为它们触发了消费者的情感，将他们拉近。

那么，怎么去讲一个好故事？品牌不会凭空而生，好的品牌故事也不会凭空而生。

1. 找到产品的切入点

即便一个新成立的公司，没有什么经历，也没有什么成绩，但是产品总不能是新的，所以站在产品的角度就可以找到突破点。比如，有个做卫生巾的企业，CEO之所以要做一款绿色环保的卫生巾，是因为担心自己的女儿受到健康方面的侵害，这就是品牌故事的切入点。

2. 以创始人的创业故事为基础

知名品牌就相对容易写出故事，因为这种创始人的经历都是一抓一大把。对新成立的公司而言，公司成立初期，没有必要把创始人写得太深，可以通过创始人所在领域、所经历的事情和经历，还有他的初心去写。

3. 品牌的态度

态度是一个综合体，一定要让企业的各个环节都做到统一，这个时候才能让消费者感受到品牌的态度，不然和其他品牌没有差异。比如小米品牌的做法很值得借鉴，小米对应的人群是中产阶级的年轻人，经济实力有限，喜欢性价比极高的好货，所以小米才那么注重创新和设计，从设计师到品质到设计风格，从专卖店到广告推广都能让消费者有愉快体验，品牌在各个环节都能做到统一，这个很关键。

4. 从市场的潜在需求出发切入品牌

比如因为市场中的某个产品或者某个服务极其缺乏，为了让这部分人群的需求能够得到满足，才做了这个产品。当然，再有名的品牌都有很多未能满足消费者的点，因为任何项目都不能满足所有人，所以说市场上一定存在着很多空白点和需求点可以捕捉。

5. logo 或品牌名切入

logo 和品牌名一定是一个很好的切入点，因为里面一定蕴含着一个好故事，比如一个做美业的品牌 logo 里面有个蝴蝶，而这个蝴蝶是从一个神话故事里引进过来的，就可以把这个神话故事引入品牌故事。

6. 通过当地的文化

一些地域性的品牌可以从当地的风土人情或者是文化特征中找到故事的灵感。这样的故事对于本地人来讲，会引起同感和共鸣，对于外地人来说，会激发好奇心，消费者会觉得你这个品牌是有文化内涵的。

在讲故事前，你需要对自己的品牌绝对了解，从品牌最初的构想开始，定位、调查、分析、诞生、推广等各个环节都可以挖掘有价值的线索和内容，注意多挖掘有关人的元素，这些内容的准备都是后续能讲好故事的必备条件。

另外，还要定位自己的受众，明白自己产品的潜在消费群体，并且要在消费者的年龄、性别、兴趣爱好等方面下功夫。分析这些消费者的消费倾向和关注内容，这样才能有针对性地讲出他们喜欢的故事，投其所好。

传播渠道选择要从两个方面考虑：一是消费群体是否广泛活跃；二是

故事的语言和叙述风格是否与渠道的传播特点匹配，故事的呈现是做成文本、图片（漫画）、视频，还是H5，都要综合消费群体和传播渠道的特点考虑。

情节的设定，应该通过某个事件或者某个热点讲述，故事融入人的情感，适当来点情怀，来点感悟，然后在恰当的地方展现出品牌。

有些故事是品牌精心打造的，有些故事则沉淀在用户体验之中，让它们成为提升用户口碑的重要载体。

用户关注内容、关注产品内的故事，借助故事更容易让用户与品牌产生深层的情感共鸣。而将品牌及产品植入故事化营销，也随之成为众多创业者强化品牌生命力的全新选择。

对品牌形象进行系统性建设

品牌形象的塑造的过程就是消费者对品牌从认识到认知，从认可到认定的过程。消费者对品牌的认识源于品牌形象，认知源于品牌的活动和宣传，认可则源于品牌传达出来的精神内涵，认定却是源于品牌所塑造的情感。因此说，品牌形象是消费者认识品牌的开始，以及从一而终全程参与的一个过程。因此一个正向的、清晰的、具有很高辨识度的品牌形象对于品牌的塑造是至关重要的。

目前，商品的多样化让消费者拥有了更多的选择；互联网信息透明化让消费者获得了更多的知情权；平台的多元化让消费者拥有了更多的价值评判权；媒介社交化让消费者拥有了更多的话语权。因此，以往的那种单纯以产品为核心、以渠道为核心或以信息为核心的营销时代已经过去，未来企业的营销已经不再靠单点价值支撑就能实现产品价值转化，必将走向更为广泛、深入的社会化营销。所以，想要让品牌变现之路顺利且持久，对于品牌形象的塑造也不再单一化，而需要进行系统性的建设。

系统性建设就是要体现出品牌的逻辑性与关联性。什么是逻辑性呢？简单理解就是消费者在购买一件产品的时候，第一时间就是要了解它，如果连产品都不了解又怎么会买呢？消费者要了解品牌是谁，它与其他品牌有什么不同，品牌能做什么，能满足自己哪些需求，能为自己带来哪些价值，这是消费者认识品牌的开始。那么，认识了品牌就一定会形成购买吗？不一定。在一般状态下，消费者还需要形成对品牌的信任，然后才会购买，尤其是在产品极大丰富、消费者拥有更多选择的市场环境下。

购买之后是一锤子买卖还是会持续购买呢？持续购买有个前提，必须是消费者对产品有了良好的体验和感受，包括购买方式是不是方便快捷，成本价格是不是合理，服务是不是及时高效，文化和情感以及价值观、审美是不是让消费者形成认同和依赖。做到这些，才是得到消费者认可的开始。如果企业推出了高端产品或是对原有产品提高了价格，那么，如何让消费者依然对品牌不离不弃？这就要求企业在持续优化品牌体验的基础上，使消费者逐渐形成消费习惯、心理依赖和审美固化，最终演变为一种相对固定的生活方式乃至精神信仰。

之后，如何让消费者做到"总是要买""价格高也依然会买"呢？这就是品牌系统性建设的又一个任务——忠诚度。忠诚度是指消费者无论是对产品的功效本身，还是对品牌的文化都形成了深度的心理依赖，进而成为一种消费习惯，直至一种生活方式的固化。这就是在品牌美誉度之后品牌系统性建设要完成的任务——忠诚度。

以上这个过程就是品牌要进行的系统性建设。所以，如果为"品牌系统性建设"做个定义的话，那就是品牌在形象塑造方面应遵循消费心理与行为的逻辑轨迹，以"通过广泛而深入的认知转化实现高附加值、可持续的市场转化"为目的，以品牌知名度、信任度、美誉度、忠诚度和品牌溢价的实现为路径，对品牌进行包括规划体系、支撑体系、内涵体系、形象体系、传播体系、营销体系、管理体系、资产体系在内的系统性建设。在品牌系统性建设的全过程中，还有两个重要的环节。一是满足消费者需求，构建全产业链的品牌生态圈；二是构建品牌管理体系。这两个环节的目的是统一品牌认识、规范品牌应用、提升品牌效应、规避品牌风险。

品牌要进行系统性的建设，可以从品牌知名度和品牌信誉两大方面来进行。

解决品牌知名度的问题要靠传播。仅是广告打得响还不够，还要突出品牌的价值和内涵，也就是给消费者一个必须选择你的理由。在品牌形象塑造的过程中，从社会问题、行业问题、市场问题中找到消费者需求和痛点，这样才能优于对手，不易被模仿，同时还要具备价值的独特性。要明确产品自身的属性定位和形象定位，以及产品能够给予消费者的价值定位和利益定位，最终帮助消费者信任品牌。有了这些内涵和价值以后如何传播呢？要对品牌的内涵体系以及产品、服务做出清晰、一致、规范的表达，让用户形成直观的认识。通过品牌形象设计，实现品牌表达差异化、品牌标志独特化、品牌印记持久化，最终塑造出个性化的品牌形象，让用户形成清晰的品牌区隔认知。同时要打造视觉识别系统，包括名称、标志、标准字、标准色、象征图案、宣传口语等在内的文化系统，以及包括办公用品、产品包装、广告媒体、交通工具、员工制服、旗帜、招牌、标志牌、橱窗、陈列展示等在内的应用系统。

品牌的传播要注意：品牌不能为了传播而传播，目标受众的画像要清晰，不能鸡同鸭讲，切忌跟谁都有关，又跟谁都无关；将企业要讲的内容与受众所需要的和喜欢的内容实现最大结合；媒介、形式的特征要与目标受众的行为轨迹和触媒习惯高度统一；传播手段的应用要服从于传播的任务与目的——内容清晰、准确传达。

以上这些是品牌形象的外部表达。要想让一个品牌变成深深植入消费者内心的，具有美誉度的形象，还必须重视品牌的内部教育，也就是让企业的任何一个员工都从内心深处认识到自己是在创造一个伟大的品牌，从而形成品牌内部的高度凝聚力。品牌是从内向外辐射开去的，很多世界著名的大企业从诞生开始就很注重品牌内部宣传。品牌的内涵形象在企业内部耳濡目染形成共识并向外渗透。

品牌的信誉问题是品牌系统性建设的另一方面，无论大品牌还是小品牌，一旦失去信誉，很快就会失去市场、失去人心。

企业在产品质量、服务质量等各方面的承诺，使消费者对品牌产生偏好和忠诚。良好的信誉是企业的无形资产，可以增强品牌形象的竞争力，带来超值的利润。诚信是企业的立身之本，没有诚信就没有市场。比如，多年以前的三聚氰胺奶粉事件，使奶制品企业出现信誉危机。诚信给品牌形象带来的价值是不可度量的。一个诚信的形象将维系客户的美誉度和忠诚度，为企业的可持续发展奠定坚实基础。因此，诚信应当成为企业的经营基础，维护企业的信誉也应当是企业维护品牌形象的必要工作之一。

总之，品牌形象的塑造是一个长远的系统性工程，这需要企业全体员工的共同努力。只有优秀的品牌形象才能促进企业无形资产的保值增值，使企业在激烈的市场竞争中立于不败之地。

把品牌推广出去的步骤和渠道

一个企业的从小到大，一个产品的从无到有，都离不开推广渠道的宣传，无论多好的产品，多么出色的品牌策划，如果没有做好品牌推广，目标消费者就看不到你的信息，之前做的所有的工作都是没有意义的，虽然现在是互联网时代，品牌曝光非常容易，但如果不做好品牌推广、未找准渠道，那么品牌也会陷入"酒香也怕巷子深"的境况。

那么，把品牌推广出去有哪些步骤和渠道呢？

1. 制定推广策略

在品牌推广之前，要研究具体的策略，如投放多少广告、如何促销、如何建立目的渠道等。推广要整合和传播品牌理念，在充分研究媒体后制订媒体创作计划，并且进行预算。

2. 选择广告的性质

比如进行公益性的广告还是赞助广告。公益性广告利于打造企业与政府的良好关系，对公共服务广告的投资也是一种与消费者交流的手段，这样企业就可以在消费者眼中形成为人民和公众服务的形象，从而给消费者留下深刻印象。赞助类广告可以通过企业赞助政府和社区在体育和文化等各个领域组织的活动的形式出现，以推广企业品牌和提升企业形象。

3. 线上推广

现在是互联网时代，所以大部分品牌会选择线上进行推广，一般包括搜索引擎推广、公众号或视频号推广、互联网各大平台或APP进行推广、媒体推广等方式。

（1）搜索引擎营销：即搜索引擎优化，是通过对网站结构、高质量的网站主题内容、丰富而有价值的相关性外部链接进行优化而使网站对用户更加友好，以获得在搜索引擎上的优势排名为网站引入流量。

（2）针对公司公众社交平台，前期可以激励或者强制性要求每个终端品牌代理商客户第一步完善关注公司公众社交账号，落实品牌代理商责任达标。通过销售业务区域负责人引导代理商客户向消费者推广关注，代理商客户可以通过购买产品优惠方式来激励消费者完成。可以达到前期关注品牌的效率提高。

（3）互联网上按不同种类划分的社交平台包括自媒体类社交平台、问答付费类自媒体、短视频平台。

这些社交平台都涌现了很多有影响力的大V，所以，社交平台推广得好，也是一个让品牌曝光的主要渠道。

（4）媒体推广的渠道主要包括电视广告、公交车、地铁、商场LED屏，这样的推广方式传播范围较广，并且影响比较深入，传播时间周期较短，在短期内就能看到效应，但是广告留存较差，并且这种推广方式费用较高，一些资金力量不足的企业不要轻易尝试。

4. 线下推广

线下推广的形式比如广告衫、公交地铁站内海报、实体店面宣传、派发传单等，只要是通过户外活动让消费者了解品牌的方式都属于线下推广，这种推广方式效果维持时间相对较长。线下推广的方式使企业能够直接与消费者接触，更方便快捷地沟通，可以让客户更全面地了解产品与服务的优势，通过线下推广的形式能够让用户直接接触到产品，很大程度上提升用户对商品的信任度，更有利于品牌宣传推广。但是线下推广的方式需要投入很多精力和时间，同时还会受地域的限制。

当然，渠道不是一成不变的，时代的发展让渠道不断变化，从之前的电视广告、户外广告和地铁广告，到现在的互联网平台抖音、快手、小红书等，渠道总在不断变化。现实环境中，到处都是品牌的推广渠道。在这个时代，一个人一天要接触众多不同的品牌，其实很多品牌并不是在传统意义的渠道上出现的。任何用户能接触信息的展示面，无论是视觉、听觉、还是味觉上的，都是渠道。

所以，要让自己的品牌找到渠道，就要在现在的渠道上进行适合自己品牌的创新。

找渠道推广的核心是为结果服务，不论选择什么渠道进行推广，都是为了更好地传播、关注和曝光效果。要明确一点，渠道的选择是由受众决定的，创新是为了有更好的效果，而不是向公司交代，比如，投放地铁、车厢广告，是根据要获得的结果确定的，渠道这样选择，可能会实现这个效果。只有确定用户群，才能进入渠道的选择，通过恰当的渠道传播品牌信息，通过核心渠道的创新深度影响消费者。

好的推广是"内容＋渠道＋时机"，无论塑造品牌还是营销，渠道永远是在变化的,不要因循守旧。如果能有出其不意并且十分适合自己产品的推广渠道创新,一定要努力尝试。要知道,处在同质化时代,如果每个品牌都以同样的内容、同样的方式去面向消费者,企业很难杀出重围。而对渠道的整合和创新利用,极有可能会带来亮点和效率的提升,并打动消费者,最终转化成实际的变现价值和销量,为品牌贡献更大价值。

产品是品牌故事的物化表达

产品在最早期只具备使用功能,后来品牌企业发现,在使用功能基础上,如果再赋予产品更多的故事和情感,将为大众带来更丰富的情绪价值和体验,从而提升产品所体现的人文价值,为品牌的塑造带来更多内涵。

品牌塑造不仅是给有需求的人的一种物质产品,更重要的是要给有梦想的人一种精神财富和情感的寄托。在当前这个时代,随便扔一个物件都能砸到与广告有关的东西的时候,消费者的注意力已经很难被简单的产品所吸引,而对产品承载的故事更在意,更友好也更青睐。

比如,海尔讲了一个砸冰箱的故事,让人们认识了海尔,相信了海尔产品的品质,这就是品牌借助产品进行物化表达的魅力。有句话叫"广告已死,故事永生",这话听起来似乎有些夸张,但越来越多的品牌和数据证明,这就是品牌传播和发展的趋势。在市场竞争白热化的当下,品牌要想生存,要想立于不败之地,就必须让自己"有故事",做有故事的产品,要谈营销，先卖故事。因为爱听故事是人的天性，一个有好故事的人，更容易被记住，一个有故事的产品，在市场上更有优势，因为感性的大脑更容易被故事感动。

每一个品牌后面都有其独特的故事，故事赋予品牌精神内涵和灵性，使消费者受到感染或冲击，全力激发消费者的潜在购买意识，并使消费者愿意"从一而终"。

比如：巧克力品牌德芙的故事凄美。"DOVE"是"DO YOU LOVE ME"的英文缩写，它背后有一个非常凄美的爱情故事：一句被错过的"你爱我吗？"正是这个凄美的故事，让德芙不仅占据了巧克力的头把交椅，更重要的是每个与爱和甜蜜相关的日子，人们第一时间会想起德芙。

又如，净化器品牌三个爸爸的品牌故事。三个爸爸净化器销量非常好。一方面是依靠了销售平台推广促销，另一方面则是粉丝经济带来的效益。三个爸爸在品牌创立之时也在运营产品社群，并且有很多粉丝愿意加入进来分享。据品牌创始人透露，他们是将三个爸爸品牌背后的故事讲到了极致。三个爸爸的故事是爸爸们给孩子做净化器的故事，他们将这个故事讲到了极致。"偏执狂的爸爸给孩子造净化器，我爱你，以呼吸为证，我虽然不能伴随在你的身边，但让我的爱如空气。""我对极致的追求也是你成长路上重要的陪伴。"

比如，芝宝打火机，被称为是世界上拥有最多故事和回味的打火机，对于男性来说，芝宝是他们挚爱的玩具，能给他们带来话题，也能彰显他们已经进入成年的标志；对于女性而言，芝宝打火机是她们送给自己心仪男性最贴心的礼物。因为芝宝这款产品的背后有故事。在《品牌崛起》一书中，芝宝打火机的故事是这样的：

在第二次世界大战期间，由于战争的需要，芝宝把所有的产品都提供给了美军。这样，它就随着那些英勇的战士走遍战场的每一个角落，一打即燃的优良功能及优秀的防风性能使芝宝在士兵中有口皆碑。它曾挡住射向士兵胸口的子弹，也能在百无聊赖的深夜里供士兵们点火取暖，或者用它暖一暖冻僵的双手，还曾有士兵用芝宝打火机和一只空钢盔做了一顿热饭。

1960年一名渔夫从奥尼达湖中捕获了一条大鱼，发现鱼腹中藏着的芝宝打火机依然闪闪发光，而且依旧可以点燃。

住在美国新泽西州的巴瑞史，将芝宝打火机混在堆积多日的衣物中丢入洗衣机，没想到抢救出来后依旧完好如初。

……

以上关于芝宝的种种传奇故事塑造了芝宝雄性化的冒险、安全、信心、力量等形象，而且芝宝打火机强劲有力、安全可靠的火焰来自它所用的特制的液体燃料（而非丁烷气体）。因此，不论是在沙漠、狂风还是暴雨等恶劣的条件下，只要需要，它都可以被轻松地点燃。优良的性能、可靠的质量让用户对它产生信赖和依赖的情感，而消费者的这种情感诉求正是产品和品牌能够成功的关键。

互联网时代，销售通路已经不再是障碍，传播渠道也不是障碍，唯一的关键就是产品本身的戏剧性和故事性，也就是我们常说的具有格调的商品，格调的商品传播与销售都已经不是问题。产品一定要传奇的地方，如果你是卖果蔬的，仅说自己的果蔬无公害，或者是有机食品，是不能打动人的。你得为你的果蔬来讲一个动人的故事，比如开着豪车送菜，这就是故事的切入点。

所以，不要再把心思全部花在产品如何更好地使用上，这是品牌打造的基础中的基础，在产品好用后，还得让产品会讲故事，那样才能达到传播和营销的效果。

广告是品牌故事的精悍表达

美国总统罗斯福说过一句关名言："不当总统，就做广告人，因为广告事业已达到一种艺术高度。"之所以这么说，是因为广告能让营销变得简单，经消费者口口相传，一句经典的广告语流传久远，带给产品自发的宣传。广告是品牌故事最精悍的表达。

好的广告对品牌来说是至关重要的，它是品牌的眼睛，对消费者理解品牌内涵、建立品牌忠诚都有不同寻常的意义。许多优秀产品和著名品牌就是通过广告走进人们生活的。人们在得到物质享受的同时，还品味着这个产品的优秀广告给他们带来的精神美餐。完全可以这样说，优秀的广告已经形成人类的一座文化宝库，它是人类智慧的结晶，更是品牌变现路上不可或缺的重要因素。

在生活中到处都有广告，平面的、立体的、静态的、动态的、真实的、虚拟的，有一句话的广告，也有一个故事展开的广告，有励志类的广告也有娱乐型的广告，总之广告带着满满的创意让消费者熟知并认可品牌。

广告要想成为品牌故事的精悍表达必须有创意和创新，不能千篇一律，那样不仅达不到广而告之的效果，还会让人听了倒胃口。比如那些花重金请来的"明星大腕"，像是念稿子一样在那里自卖自夸，这样就会让人觉得广告质量差。随着互联网的发展，多媒体的参与，平面设计、网页设计、动画设计等都可以交互进行，广告的新形式层出不穷，广告设计和传播的技术已经不再能够突显品牌特质的竞争重点，谁的广告创意好、能引人入胜，谁才能真正获得成功。

比如方太智能升降油烟机的广告就非常好，在《油烟情书》中的广告语是这样写：

方太智能升降油烟机，四面八方不跑烟。

为你吸除油烟危害，只留下柴米油盐中的爱。

这则广告的核心是"四面八方不跑烟"，点明了油烟机的功能和优势。广告创意可以花样翻新，最后的落脚点却必须回到产品的核心卖点上来。油烟机买来当然是为了吸油烟的，这是不言自明的事。虽然没有花大心思用在创意上，但却直击卖点。安全和颜值也是吸油烟机的卖点，但绝非核心卖点。

法国依云矿泉水是矿泉水中的奢侈品牌，主打纯净，事实上任何一款矿泉水都无法做到完全纯净，但依云用广告打造故事的手法值得学习。依云的广告中没有人拿着瓶子猛喝几口大喊"真爽"，也没有人一本正经地解释水的成分和功效，而是经常选用可爱的婴儿做主角。这就是广告创意高明的地方，让消费者看到婴儿的样子，自然就会将矿泉水与纯净联想在一起。

随着时代的发展，人们的审美也变得越来越挑剔，传统的美学传递的广告方式已经很难满足现在越来越多元化审美的需求。大众对商品品牌的理解更加丰满和立体，如果广告跟不上大众的审美，往往得不到消费者的认可。消费者在接触到品牌广告信息时，会对设计作品进行主观性的后期加工，最终形成自身对品牌的认知。因此，在进行广告品牌的设计和具体的运作过程中，就要求设计师能有针对性地展现出独具特色的设计美学，有效地烘托品牌主体色彩，从而达到最佳的广告效果。

广告对于品牌的影响，不仅是起到宣传的作用，更多是为了让消费者在注意到品牌的同时还能产生购买的兴趣和欲望，最终促成消费者购买该商品。为产品做宣传广告的目的是提高产品的销售量，即使你的广告吸引了再多的消费者注意，没有发生购买行为，那么广告的意义就不存在。所以，在做广告宣传的时候要给消费者留下美好的印象，让消费者看到广告后有情感上的共鸣，有种享受的感觉，增强消费者对该产品的好感度，那么消费者才会选择该商品，并且成为该商品的忠实顾客。广告不能追求"臭名远扬"，用低劣恶俗的方法来让品牌"出名"，这种"出名"往往会引起消费者的反感。由于对广告产生反感，消费者就会抵触该广告宣传的产品。因此，要想让产品有更好的销量，让产品品牌有更好的发展，不仅要有知名度，更要有美誉度，广告做到这样，才是对品牌最精准和强悍的表达。

电影是品牌故事的奢侈表达

电影是讲故事的最好方式，它能够更加饱满丰富地表达出人们的梦想和渴望，随着小视频的火热，很多品牌选择通过"电影"式的手段来对品牌故事进行表达，这种表达虽然成本较高，但效果往往很好。电影用故事的方式将品牌的精神文化内涵表达得淋漓尽致，对消费者产生更多的心灵激荡，从而从感情上深入接受品牌。

不少品牌和广告商也开始利用电影、微电影的方式讲述品牌故事。例如，小米品牌以励志、感恩为主题的微电影《100个梦想的赞助商》；白酒品牌的后起之秀江小白也是屏幕常客，常常出现在各类影视剧中；海尔拍了几百集的动画片《海尔兄弟》。这些都是通过电影来表达品牌故事。

无论是微电影还是大电影，电影对于品牌故事的表达可以达到"明明是广告却不像广告"的境界，这种广告宣传片利用电影艺术展现品牌的特性，通过戏剧性的创意或明星制作团队达到广告传播的目的。

内容为王的时代，"微电影营销"越来越受品牌们的青睐。如果说传统广告是用30~60s的时间，浓缩性地传递品牌价值观和产品卖点，那品牌微电影则是选择用更好的故事、更多的代入感、更深的共鸣，搭建起与消费者沟通的桥梁。比如，京东拍摄的微电影《顶牛》、特仑苏拍摄的微电影《更好的童年》，宝马拍摄的微电影《婚礼》、伊犁微电影《好好在一起》等，都是品牌借助微电影来进行更富有爱和感动的表达。

微电影能在有限的时间内打动观众并引发讨论，靠的是故事性和情感的共鸣，好的微电影首先要讲好品牌故事。一个企业能讲好故事，就可以花很少的钱达到更好的营销效果。

源于电影的热度为微电影带来更高的话题度和共鸣点，有效借助电影的声量促进微电影传播，并让品牌更好地进行营销站位和价值输出。在传统广告市场竞争日益激烈的行情下，微电影营销凭借强大的互联网传播平台和更为优越的表现形式，成为备受业界关注的广告营销新阵地。

微电影的广告营销模式一般有企业赞助模式和品牌植入模式。

企业赞助的模式不会影响微电影的表现形式，且其内容往往以亲情、爱情、友情为主，多带有公益性。有的内容会比较励志，有的内容会比较幽默，比较深入人心，故而以这种内容作为手段，会让消费者更加容易产生信任感。

在品牌植入模式中，品牌产品往往会作为电影的道具和背景出现，可以和故事内容融为一体，其重点是强调品牌自身的形象。通过简单的故事情节，让大家对品牌念念不忘。

品牌借助电影来表达有非常大的优势。

1. 能够直观表现出企业价值观

品牌可以通过电影的声光电展示故事，从故事里人们能够直观地看到品牌的情怀，同时，电影具有较强的故事性，能够吸引受众的注意，给受众留下更深刻的印象。此时如果通过微电影广告的形式将会使品牌的内涵和企业的价值观不断被受众了解和接受，对受众产生潜移默化的影响。

2. 电影能够充分利用人们碎片化时间

现代人工作压力大，生活节奏快，很难长时间放松，只能靠手机刷短视频看微电影来打发时间。微电影可以用一两分钟讲述一个完整的故事，非常符合现代人的快节奏和碎片化时间安排，品牌通过微电影可以随时随地推广。

3. 电影嫁接品牌是一种整合营销

电影既包含电视广告又包含平面广告，好的微电影是集故事与创意、感动于一体的，微电影和植入广告的结合非常巧妙，影片制作精美，内容丰富多彩，包含许多创意元素，激发受众的好奇心，同时贴近普通百姓的生活，具有很强的亲和力，影片中的广告内容也不生硬，并不影响观感。

4. 电影属于高精准度投放

如果品牌企业选择在电视上做广告，依据投放时间收费的方式使得推广成本较高，但微电影的形式是通过网络进行传播，成本较低并且具有娱乐性和观赏性，人们更乐于接受。如果是制作精良的微电影，会引起受众自发转载与分享，能够为品牌企业省下资金却又不影响传播效果。同时，人们可以对微电影进行二次加工和剪辑，分享到其他社交媒体，带来多次传播。

5. 微电影多用情感诉求，更打动人心

广告通过情感打动消费者，把人类共通的情感注入商品之中，使公众在情感的体验、想象、享受中自觉地接受商品，可以说情感是微电影广告走向消费者的桥梁。同时，微电影里面往往体现出更多的文化和艺术因素，这将成为未来更受欢迎的艺术形式，它所阐释的文化内涵往往是其他形式所不能阐释的。

第4章

品牌变现传播路径：
为品牌打造持续知名度

好品牌如何实现疯传

有人做过一个对于传播效率的现场调查，问大家是电视广告传播速度快还是微信传播速度快？大家异口同声选择了后者。的确，曾经电视广告是企业品牌的主要传播途径，因为那时候人们大部分有闲时间都在电视前度过。而现在移动互联网时代，人手一部手机，社交媒体的传播显示出了非常大的威力。社交媒体传播没有劝说语气，而电视广告经常会像王婆卖瓜一样自卖自夸，所以，社交媒体传播以受众为导向更容易传播开来。这个现象大家有目共睹，无论是一篇好文章还是某一个视频或现象，一传十、十传百的效应使得信息飞速传播。这种飞速的传播带来两种结果，好的东西尽人皆知，坏的事情同样快速传遍大江南北。

这是一个人人都拥有海量信息的时代，只有想不到没有找不到，以至于人们发出感叹，信息不是太少而是太多，多到无暇顾及，而大脑也会自动过滤掉所有无聊、无用、无意义的信息。

在这样的大时代背景下，有利的一面是企业可以通过这种快速传播的状态让品牌快速被消费者获悉，但面临的挑战是任何微小负面的消息都可能通过网络传播放大到尽人皆知。企业要善用信息的传播能量，让品牌实现正面疯传。如果想让你的品牌迅速吸引消费者的眼球，想让你的产品迅速赢得市场，那么就需要用好事件营销这把武器。

试想一下，为什么有的品牌能够让人们口口相传，而有些品牌却名不见经传？其中一定藏有秘密，疯传的背后一定有什么东西在发挥作用。人们喜欢与亲朋好友分享新奇故事、感觉有趣的信息。无处不在的口碑对于信息传播来说至关重要，是产品、思想和行为逐渐流行并且形成趋势的核心要素，于是找到适用于每个人的最佳口碑传播方式尤为关键。

真正能让消费者进行疯传的品牌，要满足一个主要的点，那就是"实用公共货币，刺激感情故事"。"实用公共货币"和"刺激情感的故事"主要体现在以下方面。

（1）能帮助人们解决实际问题或者能满足实际需求的事物才会有人关心，否则别人会觉得"事不关己"而失去兴趣。很重要的一点是你的品牌必须能够解决问题，如果无法解决问题，消费者就会对品牌失去兴趣。但这不代表你要去告诉客户你的产品是做什么的，以及你的产品相对于其他产品来说有哪些优势，那就好比在给消费者讲述一个只有情节没有主题的故事。

（2）事物要具有公共属性。要想被人们口口相传，就要能被人们清楚明确地识别感知，要让人们容易地理解和消化。越高级的品牌反而越简单，不要为了营销而让消费者过度解读，现在人们大多无暇研究高深的东西，越是简单的信息往往越容易传播。

（3）事物要具有社交货币的属性。所谓社交货币，就是提到这个事让人感觉有品位、有面子。人本身有一种强烈的心理诉求，希望自己能够与众不同、卓尔不群，表现得比别人优越。比如人们对于奢侈品的热衷就是为了体现自己的品位与面子。

（4）事物要能在目标消费人群的生活或工作情景中找到或创建刺激

物,这种刺激物要频繁出现在消费者的环境中,要让这种刺激物与产品、思想建立一种强而有力的连接,让消费者一看到刺激物就能想到产品或思想。

(5)事物要能激起人的感情,这种感情可以是兴奋激动,可以是愤怒痛恨,还可以是对事物的敬畏和欣赏。比如,那些人们愿意去分享的内容往往是感动人的、温暖的。

(6)故事是神奇的。人天性就对故事感兴趣,如果想给一个人传达一个观点,大脑的过滤机制就会起作用,他可能无法听进去多少,但是他却对故事大开绿灯,所以给思想加一个故事情节做的壳,就可以像加了糖衣的良药一样,更好地进入消费者的心里。品牌是"单层"的,而故事则是"双层"的。故事也有品牌的"单层",那就是消费者购买这个品牌可以获得某种功能或审美,或者解决某一个问题的解决方案,或者是纯粹的服务本身。但故事还多了一个内核,正是这个内核,给了品牌与其他品牌不同的距离感跟使命感,这个内核由实际的价值观和信念构成。

以这则故事为例,爱尔兰一个 Jellycat 毛绒兔玩偶被主人落到一家五星级酒店后,在酒店工作人员的帮助下,在社交平台上开启了一段神奇的"寻亲"之旅,走红网络。服务生发现兔玩偶被遗失在了酒店内。为了帮它找到主人,酒店工作人员们开始在社交平台主页上发照片为它"寻亲"。虽然独自待在酒店里,但兔玩偶被酒店工作人员照顾得很好。它不仅"参观"了酒店、"做"了SPA,还"躺"在泳池边晒了太阳,享受了一段美妙的下午茶时光。这些照片被大量转发,获得众多网友点赞。目前,这只兔玩偶已经重新联系上了它的主人——一位名叫凯特的3岁小女孩。

这就是故事带来的疯传效果。一个丢失的小玩偶被随身带到婚礼现场，它应该是某个小朋友的心爱之物，可以想象丢失了小玩偶的孩子是多么伤心和难过，所以酒店工作人员设计了小玩偶的生活场景，赋予它鲜活的生命，让这样的童话在现实中演绎，这样的情节设计唤醒了大家的童心，这个故事广为传播。

品牌传播的常见方式

品牌传播需要多方并进，塑造品牌的时候最常见的方式就是广告、公关和口碑的推动。企业的品牌依靠宣传、公关等方式建立。企业产品或服务的质量则由用户判定，也就是说，质量好坏都依靠用户的口碑传播。因此，塑造品牌需要广告、公关、口碑多路并进。广告是"明明白白"地广而告之，公关是"润物细无声"地宣传，那口碑则是"好事传千里"的塑造。三者配合得好，才能为品牌起到最有效的传播效果。

现在很多品牌先通过公关的方式让品牌拥有一定的知名度，再进行广告来巩固品牌的知名度。品牌的建立已经慢慢从广告转向了公关，公关可以帮助企业占据消费者对某个需求的认知，从而在众多竞争产品中胜出。它实际上透露给消费者的信息是，某个商品可以最大化地满足你的某个需求，有它就够了。而广告的工作是在这之后让消费者还能很快乐地接受这个观点，所以广告起到了锦上添花的作用。

那么，品牌该如何进行公关呢？公关的核心是给企业建立一个权威的背书，比如"××专家推荐""××大学的工作法或公开课"等这类型的标题和内容就是建立背书。同时，发声的媒体平台也是企业背书的一部分，和叫不出名字的小平台相比，用户更愿意相信大型门户网站或是知名社交媒体上的内容。公关还有对危机情况下的智慧应用和反败为胜。

公关做得好能让品牌快速得到大江南北消费者的支持，同时也能让品牌在竞争中转败为胜。除了公关，最高级、最持久的传播效应来自口碑。

过去口碑传播效率低，传统营销、品牌建设工具，我们称为"一次营销"工具。对消费者是否帮品牌宣传（二次营销），以及他能宣传给多少人，商家几乎没有控制力，更不要说宣传之后，他的朋友是否还会被打动，再次宣传（三次营销）。

在过去，好产品在消费者心中有口碑，但品牌传播率很低，衰减率很高，消费者跟别人讲的机会很少。比如，有人到你家里面，发现净水器不错，然后你介绍说这是某品牌的，挺好用的。其实这种机会很少，他再去传播给别人的可能性会更低。移动互联网时代，一些"爆品""快公司"的出现，都和"足够好"的产品遇到"足够猛"的社交有关，其实就是互联网时代口碑的力量。

能让消费者感到欣喜的企业，相当于拥有了一个免费销售团队。企业看不见他们，但他们却无时无刻不在替企业宣传。企业的消费者会去投票、交流，如果企业令他们喜悦，他们在外面会像企业的推销员一样。如果企业希望消费者成为其销售人员，就需要让他们感到欣喜，不要止步于让消费者满意。"如果消费者觉得'我从未有过比这更好的体验'，那么自然而然就会回头再次购买你的产品。"

要让你的消费者爱上你，爱上你的产品，那么就要做超过消费者预期的东西。同时,为了让你的粉丝热情更加突出、引人关注,你必须好好爱护他们。网站应该专门为粉丝设计一个展示页,精心安排一些内容表现消费者的满意感受、反馈,甚至包括一些短视频、粉丝的感谢信等。总之,让你的消费者觉得自己被重视、被珍惜,购买你的品牌的产品会有一种优待感,产生一种在别的商家那里感受不到的优越感。

所以,品牌的传播先通过广而告之让别人了解你的产品,然后根据公关做出让消费者信赖的情怀,最后才能有口碑上的传播为品牌带来源源不断的效益。切记,口碑的力量不容小视,正面的口碑是品牌的生命力,但负面的口碑会让品牌走向没落。

传播媒介的特点和优劣

传播媒介包括传统媒介和新媒介,传统媒体无非四大类:报纸、杂志、广播、电视。以广告传媒为例,传统媒体的广告无非就是对企业进行宣传,让受众能够知道你的产品或者企业,但是它仅仅只是让别人知道,并没有让消费者真正地了解到你的想法。企业让传媒公司做一个广告,广告做得很漂亮,但是真正宣传的广度及深度却没法得到回馈,这就是传统媒体的最大弊端。

新媒体是相对于传统媒体而言的一种新概念,它是继报刊、广播、电视等传统媒体之后发展起来的一种全新的媒体形态,是利用数字技术、网络技术、移动技术，通过互联网以及计算机、手机等移动终端向用户提供信息资讯的传播形态和媒体形态，比如微博、微信、头条号、短视频平台等都属于新媒体，新媒体是伴随着互联网的高速发展出现的，新媒体也是当下流量的聚集地。

例如，"完美日记"作为国货美妆品牌，请了明星做代言人，又在纽交所挂牌上市，其成功离不开新媒体的助力。当所有美妆都在做线下宣传、打传统广告时，完美日记就已经重金砸向了社交媒体，新媒体兴起什么，完美日记就跟风什么，其投放的百万粉丝博主就1000个左右，完美日记抓住了第一波红利。现在品牌自身的粉丝也近200万了，随后又通过明星带货、跨界营销等方式大力推广品牌产品。完美日记就是非常完美地利用了新媒体的优势。

企业如何选择自己的传播媒体已经成为每个处于互联网时代的企业品牌当下最重要的问题，虽然推广方式可以分为线上和线下的形式，但是采取线下的方式让企业广而告之成本较高，比如电视广告、传单、车体广告、电梯广告等都属于比较烧钱的线下推广渠道。所以大部分企业开始转战线上网络渠道来推广和宣传自己。线上的网络渠道也是需要费用的。对于一个企业来讲，选择一个合适自己的网络推广渠道，目的是要达到好的效果。

现在多数企业首选新媒体作为传播渠道，是因为消费者可以通过新媒体更深入地了解企业所要表达的信息，同时企业也可以通过新媒体知道广告的广度和深度，费用比传统媒体更低，但效果更好且投放更加精准。新媒体与传统媒体最大的区别在于传播状态的改变：由一点对多点变为多点对多点。

选择媒体或社交平台的时候，有以下四个方面的注意事项。

第一，做推广之前一定要了解企业品牌性质和想要达到的推广目的，要了解企业处于什么行业、有什么产品、针对哪些目标人群、要达到多大范围的推广、希望达到哪些效果。例如有一家做防草布的企业，产品单一，产品用途是防草、除草，企业已经有了自己的品牌，希望扩大知名度，推广预算有限。明确企业性质和诉求后，可以选择通过网络渠道先做一个品牌性的官方网站，这是每个企业的初级推广方式，然后进行一个关键词的产品推广。

第二，无论做什么，知己知彼才能收获好的成果，企业推广也是如此，在选择适合自己的网络渠道时，一定要选择一家好的网络服务商。目前做网络服务的公司特别多，服务质量参差不齐，要研究网络服务公司的资质和能力。

第三，选择具体的推广营销模式。网络营销方式与传统的营销方式有着本质的不同，网络营销是企业整体营销战略的一个组成部分，是企业为实现总体经营目标而实施的一种全面营销活动。以短视频营销推广和直播带货模式为例。

近两年，短视频营销的发展如火如荼。视频简单明了、信息量丰富，相对于文字和图片有着更强的传播力和速度优势。对于树立品牌而言，短视频营销更易建设品牌形象。短视频是内容营销的天然场景之一，一个好的内容营销可以在润物无声中触动消费者，从而促进转化率的提升。从前，内容只是品牌宣发的一部分，而现在，内容成为了宣传向销售转化的重要一环。短视频通过内容选择目标受众人群，并向他们进行针对性传播，吸引消费者了解企业的产品和服务。

就直播带货营销推广的模式而言,其本质是销售,而销售的本质是商品的售卖,所以,直播带货营销推广的变现手段就是通过直播来实现导购和带货。直播带货分为几种类型,第一种是类似抖音和快手这样的平台,可以称为娱乐带货直播平台;第二种是类似淘宝、拼多多这样的直播平台;第三种是短视频带货。

第四,要研究新媒体,比如对社交媒体营销的理解和应用。社交媒体营销遵循着一定的消费心理规律,其目的是创造或满足消费需求。消费者对于营销最直观的理解就是营销使其花钱买企业的商品,目前企业的花式营销模式已经被具有理性消费心智的消费者深刻理解。因此,如何在社交媒体上创新营销方式,破局社交媒体营销,成为企业必须考虑的问题。

品牌传播离不开优质文案

品牌传播除了选对传播渠道和媒介之外,还需要有好的文案来支撑品牌的内涵和价值。著名管理学家彼得·德鲁克说,企业最重要的就是做两件事:一件是创造价值,另外一件是传播价值。前者是基础,后者是助力的工具。二者都不可或缺,如果好品牌是酒的话,如果没有实力文案给其宣传助力,酒香也怕巷子深,难以被消费者赏识。

优势文案对于品牌的传播能起到关键的作用,文案是品牌的灵魂,能够建起消费者与产品之间的情感,从而打动消费者,让他们产生购买的欲望。

有一个书店虽然小众但却是在网络上走红,那就是诚品书店,诚品老板吴清友谈到诚品书店,他说过这样一段话:"我们没有把书店当成是一个纯粹买卖的交易空间,而是希望把它当成是一个心灵可以停泊、心灵可以得到慰藉的场所。所以我们不是把每一位来的顾客当成是消费者,而是一个独立的个体。一个人,他是有心灵的,然后他的心灵在不同的时刻有不同的心情和心境。我们更把书店当成是一个场所来经营,而不是用一个店的方式来看待。"

正是上面这一段充满人文关怀和富有诗意的文案表达,让诚品书店在消费者心中有了不一样的气质。虽然只是一个书店,却通过文案把自己打造成了一个诗意的栖息地,这就是优质文案对于品牌的意义。

有人会问,文案对于品牌变现能起什么作用呢?因为品牌传播的终极目的是销售,文案不但能起到传播信息的作用,还可以起到提醒和鼓动作用,文案可以建立起品牌与消费者的熟悉感,让消费者与本企业品牌产生联系,文案可以建立品牌认同感,通过文字信息让消费者对品牌产生一定的偏好,进而信任并支持品牌。

比如,同样是推广蜂蜜产品,可以女性养生为主,辅以爱为主题,产品的文案围绕爱的故事展开,当然在产品的包装、设计上都要配合。如500g改为520g,寓意"我爱你",包装可以设计成心形,或两个心形组合一起等,文案可以写"520,我爱你,在一起!"这样就赋予了一瓶蜂蜜产品故事,一款有文化的产品可以触动消费者,他把这款产品送给爱人的时候,会比简单的一款蜂蜜更有价值和意义。

比如,白酒品牌江小白的文案堪称品牌传播中的经典,例如江小白在十周年庆的时候策划的"郑重声明"系列文案:"有人说江小白远远不如四大名酒,声明一下是八大。""郑重声明,有网友说'狗都不喝江小白'我们同意,狗确实不能喝酒,猫也是。""郑重声明,我们的农庄位于'亚洲较宜种植优质酿酒糯高粱的中国西南优势区',意思就是我们的高粱确实比较好。"

品牌无论知名还是不知名,创意文案用得好,会收获更多的赞誉与支持。好的创意能让文案生动有趣,令消费者耳目一新、记忆深刻,能让消费者购买品牌的产品或服务,能让消费者自愿帮你转发,能让消费者在你的文案上再创作,能让品牌长期刻在消费者心中。江小白之所以能占领江湖地位,并不在于酒有多么好,而是文案创意走心,才让那么多人喜欢上了江小白。

随着消费者审美的提升,硬广时代已经过去了,就算产品再好,纯粹广告的文案还是会引起消费者的反感,甚至这篇广告有可能会被屏蔽或删除。所以,写一个好文案要用心思。

在品牌文案的策划和写作方面,要注意以下四点。

第一,要明白做产品的本质与做产品文案的本质都是服务于它所对应的目标使用人群。产品目标使用人群的喜好、痛点才是产品的存在价值的体现。产品就是给人使用的,谁买你的产品谁就是目标使用人群。目标使用人群喜欢听什么、想要看什么,就给他展示,找准目标使用人群的喜好,他们也就开开心心买产品了。

第二,在写文案之前,要足够了解公司的产品和文化价值,要知道哪类群体对你的产品感兴趣;接下来要知道产品出现在文案的哪个部分才不会被讨厌。如此说来,想要写出好文案,你首先应是个故事家,还要具备足够的数据分析能力才行。

第三，要把文案做到润物无声的境界。文案或诗意或直白或讲故事，要有温度、有情感、有诗意等一切符合品牌的因素，使消费者有看下去的欲望。

第四，写文案一定要从真实的经验谈起，不要只抱着推广自己的心理写文案，这样写出的文案往往带有明显的广告味，对消费者是不友好的。总的来说就是要换位思考，多站在消费者的角度去策划文案，这样写出来的文案才不会让消费者反感。

让娱乐为品牌传播赋能

美国管理学大师斯科特·麦克凯恩认为，"一切行业都是娱乐业"，娱乐化精神已成为这个时代商业运营的一种标志性特征。而在此背景下应运而生的娱乐营销已成为品牌与年轻消费群体进行深度沟通的重要手段。

人们很难抗拒娱乐性的事物，人对快乐的追求是与生俱来的本能。娱乐是除了吃饭睡觉外人类最基本的需求，所以与生活必需品相比，娱乐所占的消费比例越来越大。这是一个娱乐化的时代，几乎所有的互联网事物都与这个概念相关，而互联网的社交属性是促成这场全民消费性娱乐的根本原因。所以，品牌传播的关键词＝社交＋全民＋消费＋娱乐。

在所有的娱乐营销手段中，品牌营销可以说是最容易与娱乐营销扯上关系的一种营销手段。这是因为，品牌无论是起源还是其发展及运用，都是有故事的。有故事的东西就一定有戏剧性，就一定能够满足人们的一些好奇心，或者人们的其他潜在心理诉求。比如 TCL 与诸多好莱坞大片都有过不同程度的合作。TCL 集团持续的海外合作与运作能力，让他们的娱乐营销战果累累，让 TCL 的品牌在国际舞台上熠熠生辉。

另外，在泛娱乐化时代，不少品牌开始打造自己二次元形象的虚拟偶像，比如，花西子对外公布品牌虚拟偶像"花西子"，麦当劳推出"开心姐姐"二次元形象作为品牌虚拟偶像，还有天猫、屈臣氏、欧莱雅等品牌都已经打造自己的虚拟偶像。虚拟偶像还会带来沉淀品牌资产、减少代言费支出、避免明星危机等非常多的好处。

品牌娱乐化是为了更加贴近消费者，当前消费者趋于年轻化，他们更注重"好玩"和"娱乐"，有研究认为"85 后""90 后"，更喜欢网络与娱乐结合的营销模式，因为他们对广告有天生的"免疫力"。要通过传统的广告形式打动这些年轻的消费者比较困难，他们对传统媒体并不感兴趣，而趣味性、体验性、互动性娱乐营销活动更能打动他们，更能激发他们的购买欲。所以，在环境条件改变时，品牌要对娱乐营销的价值定位进行盘整，对娱乐营销的具体操作手法和路径进行迭代，从而让娱乐营销持续地为品牌增长赋能。

品牌在选择娱乐营销的时候，要注意以下四点。

第一，品牌要与娱乐受众高度重合。品牌进行娱乐化营销的目的就是和目标消费群体产生情感共鸣，这样才能让品牌深入消费者的内心，这就要求品牌的目标消费群体和娱乐受众高度重合。其可乐品牌借助"我们"造势，就充分说明了这一点，对于可乐品牌而言，它的消费主体是年轻人，而关注娱乐新闻的同样是年轻人。目标消费者和娱乐受众高度重合，才能对娱乐实行"拿来主义"。

第二，审视自己的品牌是否合适娱乐营销，如果自己的品牌不能走娱乐路线，那么就不要盲目跟风，娱乐化的东西往往和生活息息相关，所以那些与生活相关的品牌或产品才能与娱乐相结合。比如快消品、食品、护肤品、家电等适合娱乐营销，工农业原料等产品往往就不能硬和娱乐扯上关系。

第三，品牌娱乐化的最高境界是做到有机结合和浑然天成，不能生搬硬套，那样不但会有违和感，消费者也不会买账。成功的品牌化娱乐就是要在目标消费群体和娱乐元素之间找到一个最佳的点，既让消费者觉得十分舒适，又兼顾了娱乐元素以及品牌传播效果。

第四，品牌结合娱乐也是追求一种美和时尚，切不可为了娱乐而失去节操和底线。有的热点可以蹭，但有违道德的事情千万不能跟风。可以与品牌嫁接的娱乐元素，首先，应是正能量的，不能触及道德或法律的红线；其次，要与品牌有密切联系，如果没有联系，单纯为了娱乐，不如不用，只有能够彰显自己品牌精神的娱乐才是好的嫁接；最后，品牌娱乐化要以不侵犯别人的权益为原则，并且要注意消费者情绪。

新经济形势下的品牌传播趋势

随着经济的不断发展，新的经济形势对品牌的传播带来了新的机遇和挑战。目前来看，新经济形势对品牌的影响首先是城市化加速带动品牌化的加速，同时农村人口向城市流动给消费注入了很大的动力，互联网的兴起使得大品牌也开始从城市向农村发展，原本集中在一、二线城市的品牌消费已经广及三、四线城市甚至农村。品牌化的加速使决策的依据从完全性价比决策价格导向转向品牌影响力的导向。

消费人群也在不断发生改变，之前带动消费的是"70后""80后"，现在真正带动消费的是"85后""90后"甚至"00后"。传播的趋势也发生了变化，以前消费者是引起注意之后产生兴趣，然后记住这个商品，适当的时候进行购买。而现在消费者是引起注意之后进行调查研究，然后分享对这个品牌的意见。由此可以看见，今天的品牌不光掌握在广告主手中，更被消费者所掌握。所以，新的经济形势下，品牌要服务好自己的种子用户，形成口碑，重视自己前20%的用户，再去考虑其余80%的用户。年轻的消费者代表不像老一辈的消费者一样仅追求基础物质的满足，他们更加追求品质与体验，并愿意为品牌溢价埋单。此外，作为互联网原住民，他们对品牌的认知不再盲从，消费行为上也呈现出碎片化、多元化特征，并具有极强的社交口碑驱动的属性。

传播的媒介随着新形势和新技术变得更加多样，线下有户外、交通、电梯、影院等多种传播渠道；线上则有社交媒体、信息流、短视频等多种形态并存的移动媒体；加之报纸、电视、广播等传统媒介，这些分散的媒介重新分配用户有限的注意力，在品牌信息"红海"下，想要传播品牌理念、抢占用户心智，比之前要困难得多。

新经济形势下的品牌传播需要"一个中心两个基本点"，也就是以"打造品牌"为中心，以"竞争导向"和"消费者心智"为基本点。

在所有人去"挤流量""买流量"的时候，企业要建立品牌心智。品牌心智是无形的流量，因为品牌心智能够产生用户，但是需要企业准确定位品牌，让用户对品牌有准确的认知，再加上正确的营销推动，就能够实现用户持续增长。

占领用户心智并不是那么容易，在信息泛滥的当下，人们被海量的信息包围，要想让信息穿越层层障碍，抵达潜在消费者的心智，必须使用一种尽量简单的方法。媒体更像过滤系统，而不是传递系统，只有极小部分的原始资料最终会进入消费者的心智，消费者是选择性地接受，所以我们要尽量简化信息。

用户对于品牌或产品的体验非常关键。这是一个消费方式和生活方式发生改变的时代，这也是一个肯为美好体验埋单的时代，消费者不再满足于产品或服务提供的单一功能，产品和服务所缔造的精神世界以及对品质生活的追求已成为高端生活的代名词。

在体验时代，消费者愿意为自己体验良好的商品、服务、感受支付一个他们可以接受的价格，这个价格往往会高于企业投入的成本。而企业的角色也从之前的生产者和服务者变成体验策划者和服务设计者。企业不仅提供商品或服务，还提供体验，最终给消费者留下难忘的愉悦记忆，从而让他们产生信赖和依赖的感觉。

无论是年轻化还是老龄化的消费者，都会对消费产生新的认知与需求，个性化、参与感、认同感、体验感对每个人来说都尤为重要。

我们生活在一个全新的时代，一个智能的时代。今天的商业视野需要超越和拓展，企业不仅要把眼光放在产品设计和实际服务上，还要放在消费者对产品或服务的期待上，放在如何能够通过自己的产品或服务对消费者产生影响、引起他们的注意，并使其产生良好的体验，从而让他们主动积极地接受产品和服务。AI智能时代，体验的创新才能赢得年轻人的追捧和信赖。

作为互联网时代"原住民"的年轻一代消费者，对产品和服务的需求和态度与上一辈有很大不同，他们不仅在意产品和服务的品质，在生活中他们受到"发展"和"享受"的驱动，还需要有强烈的体验感，这样他们才能认同一个品牌和服务。

精准化投放，互动化营销

营销的根本即与人连接，发现、引导并满足用户的消费需求。对消费者的更深入理解以及对不同人群营销策略的不断优化是营销提效的关键，也是投放策略的底层逻辑。品牌只有真正把营销资源用于高意向用户，将预算用在刀刃上，才能达成更高的营销投资回报率。

品牌要想直达用户，就要精准化投放，这也是广告的定位，因为任何一个品牌不可能让所有人都喜欢，品牌要做的是让喜欢的人更喜欢。否则，按照以往大众传媒的思路，即使品牌财力雄厚，能够做到让10亿人看3遍广告，也无法在消费者的大脑皮层留下深刻记忆。品牌应该将这些广告投入目标消费人群当中去。精准地去找属于品牌的用户，然后与他们产生互动，这样才能打造品牌与用户之间的黏性。

现在是大数据时代，用户数据技术在发展，通过精细化人群洞察，品牌对于高意向用户的圈选也会变得十分精准，能为投放系统输入更高质量的决策信息，精准界定用户生命周期状态，并推送定制化信息与内容，从而更高效地打动目标消费者。

1. 定位

企业产品和品牌的定位不同，需要面对的消费者群体自然不尽相同。海量的信息轰炸固然能起到一定的效果，但将信息精准地传达到目标人群耳中甚至心中才是真正成功的广告。精准化一对一的广告投放方式对于渠道而言至关重要。其实，当前的分众投放只是做到了泛分众，还没有实现真正的精准。越来越精准化，不光是分众投放的追求，也是整个商业文明的发展趋势。

有了精准化投放做基础，才可以找到目标用户，然后品牌要与目标用户互动，向用户展示品牌调性，最后才能真正打动用户。比如，小米就是基于互动而形成的小米粉丝生态圈，既让小米公司赢得了市场，也鲜明地展示了互动化的巨大作用。于是，很多企业也开始着手进行用户参与感的引导，例如开设品牌公众号、官方微博等，希望在自己身上复制小米粉丝群的狂热。但单凭这些形式上贴近用户的新媒体，并不能营造出真正的参与感。要想真正达到小米那样的互动状态，还要认认真真去思考和寻找能够和品牌共情的用户。

如今，无论什么行业，都会涉及销售，所以不管是员工还是老板，都需要思考"客户怎样才愿意为我们的产品埋单"。在这个产品多样化的时代，你的产品并不具备唯一性，客户愿意弃他选你，关键在于你。所以，品牌要具备共情思维，品牌的目标得瞄准特定人群，理解特定人群的需求，与他们建立感情。与特定人群建立共情，需要经历3个环节：找到产品的超级粉丝、发现用户的相关习惯和需求、对用户使用产品进行场景描述。

找到产品的超级粉丝是与目标用户建立共情的重要一步。超级粉丝是一种简称，实际上指的是那些高需求、高价值的早期用户。

比如，小米要找的目标粉丝定位在收入不是特别高的年轻人身上。

与用户建立共情，可以通过将用户的意见写成场景描述的方式。比如，用户说，当我心情不好的时候，我就会浏览某某APP。这就是这个APP的使用场景。场景描述是一座桥梁，桥梁的一端是问题，刚才的例子中，"心情不好的时候"就是问题；桥梁的另外一端是解决方案，比如，心情不好的解决方案是"浏览某某APP调节心情"。说到这里，相信读者也明白了，场景描述是与用户建立共情的关键。一旦抓住了场景，也就等于帮助用户建立了认知。

与用户共情，是设计师思维和精益式用户体验设计的基础。学习与用户共情，能帮助品牌改进设想，增加成功概率。

2. 面谈

写一份超级粉丝筛选问卷，写下三个多项选择题，过滤出真正的用户，还要写下三个开放式问题，揭示出他们对品牌感兴趣的程度以及他们的行为模式。将答卷者分成三个群体，最需要访谈的是一类；第二想访谈的是一类；不会访谈的是一类。面谈可以采取不同的形式，比如面对面沟通或电话交谈；提前确定交谈时间和主题，通过面谈来快速了解目标用户的需求；要去真正发现客户的现存习惯、待满足需求、痛点、创意或建议。

3. 试用

过滤完了品牌的调查问卷结果以后，找出那些目标用户的特征，然后写一份对外发布的招募信息，招募那些会有兴趣参与试玩新产品的人。如果招募信息没有收到良好的回应，应该重写招募信息，并且再试一次。

重要的一点是，找到了这些核心用户之后，品牌要真正去理解和发现用户的相关习惯和需求与他们产生共情。比如，对于糖尿病人，你可以询问他们为了控制血糖采取了怎样的方案，以及这些方案是如何影响他们的生活。你的解决方案真正能够对他们产生本质的改变吗？他们的生活里是否有你能够真正解决的痛点？你可以将这些问题与答案记录下来，让它为你的产品服务，以此研究一下自己的产品和相关活动如何才能变得更好、更简单。只有这样才是真正站在用户的立场上考虑问题，才能真正与用户共情。

你越知道你是为了谁在设计产品，提供的产品和服务就越有针对性。当你明白了用户的现有习惯以后，围绕这些习惯设计产品体验是提升产品使用率最可靠有效的方法。在你设计的产品推入市场以后，设想一下潜在用户在第一次使用你的产品时感觉如何,以及他们在寻找什么?这些问题都搞清楚以后,你的品牌就完成了真正意义上的与用户之间的精准互动。

品牌在精准投放以后找到与自己品牌契合的用户,然后和这些种子用户互动,从而产生持久的黏性,为品牌持续变现提供基础。

品牌跨界实现多维赋生共创共赢

为了能够吸引新一代的消费者,品牌已经不仅有一套营销模式,而是通过多种手段去做营销,尤其在跨界营销上不断进行大胆创新,不仅有与艺术或文化联合的跨界,还有同行竞品跨界、异业跨界,有的强强联合,有的相互赋能……多种跨界搭配下出现了大量让人眼前一亮的案例,也让广大消费者看到了品牌的多面性,赋予了品牌更多创新的可能性。

品牌跨界实现多维赋生、共创共赢,已经成为越来越多行业和领域的选择。品牌与品牌之间的跨界营销可以通过两个品牌或多个品牌间的相互融合,为品牌带来"1+1>2"的营销效果,无论是品牌方还是平台方,都在跨界营销方面做出了积极的尝试。

品牌对于跨界营销的热情高涨,并一直尝试在不同领域颠覆年轻一代心中对品牌的固有印象。汽车行业、快消行业、互联网行业甚至是电竞行业,纷纷交出了足以刷屏的跨界营销案例,也让广大消费者看到了品牌的多面性,赋予了品牌更多创新的可能性。

2020年七夕期间，网易严选"牵手"考拉海购进行反套路营销，以"爱就是放手"为营销主题，主张以释怀的态度对待过去的感情，生活应更加有仪式感，直击当代年轻消费者的痛点。同时借此推出七夕联名礼盒。这次跨界营销之所以在七夕节点一反常规，其底层逻辑来自两个品牌对"就算一个人也要好好生活"品牌理念所达成的共识。在普遍贩卖"甜蜜"的七夕节，转而关注那些孤独的单身群体，可以说是这次营销最吸引人的亮点。

跨界已成为各品牌意图"出圈"的热门企划之一。跨界联名合作对于品牌端而言，不仅是两个品牌之间价值文化的碰撞融合与消费场景的拓展，也是品牌间"抱团取暖"、资源互换的体现。常见的品牌跨界类型包括同业品牌联名、IP跨界联名、明星联名、设计师联名以及艺术家联名等。从创新程度来看，设计师联名、艺术家联名更加"新潮"。在万物皆可联名的今天，品牌跨界合作的脑洞越来越大，联名的跨度也越来越大，让消费者在增强对品牌记忆效应的同时也看到了品牌的另一面。

品牌跨界追求的是创意和双赢，要彰显两个品牌或几个品牌联合起来的价值观，不能急功近利，不能瞎搞。任何品牌跨界都需要建立在对品牌价值的认知非常准确的基础上，这样才能真正有效果。有一些闹噱头、博眼球和出洋相的跨界，把一场好的价值互换变成了闹剧。不太靠谱的品牌跨界会让人怀疑品牌的格局和价值，对品牌不但无利反而有害。

品牌跨界的注意事项和方法建议主要有以下四个方面。

1. 要确认跨界的主要目的

跨界为的是实现共创双赢，如果是为了让自己的用户复购，那么就要注意用户的感受和体验，要注意品牌的调性是否与目标客户价值观相符。

如果是为扩大营销,跨界要突出趣味性、话题性和想象力,引起人们的转发和关注。有了目的再去跨界才会更有针对性,尤其是跨界的两个品牌调性、人群定位都要一致才行。

2. 跨界要追求创新价值

无论是品牌与品牌之间的跨界,还是品牌与其他艺术类、游戏类、影视类 IP 之间的跨界,都要追求一种平行移植创新,不能陷入"自嗨"的模式而让消费者反感。不要以为在外包装上添加一个合作品牌的 logo 就算跨界,这顶多是设计了一张海报而已,并没有多大的创新。两个品牌之间的跨界就是要在两个事物之间,抽取各自的特征元素进行置换移植,从而起到创新的效果。

比如大白兔品牌和气味图书馆香水的跨界合作,大白兔奶糖的特点是香甜。香水的特点包括可喷洒、可闻到、时尚个性。接下来就把这两个品牌的特点进行一些移植组合,比如在可嗅可闻的香水里加入香甜怀旧、忍不住想吃的嗅觉特点,这就成为产品侧的一种创新。让买了它的消费者实现闻起来更加"甜甜的"效果。

3. 跨界不要过分追风

虽然跨界是一个好的营销手段,但如果合作方正处于火热的时候,并不见得是合作的最好时机。因为这个时候合作的成本最高,同时由于他的合作频次非常高,使得你们的合作有可能会被淹没,未必会起到很好的效果。换言之,一个人人都抢着想和它联名的 IP 或者品牌,如果企业资金实力不是特别雄厚的话,还是谨慎避开为好。

4. 营造一种正向的价值观

跨界联名作为企业的品牌营销活动,一方面是为了提高企业的品牌营销效率和效果，另一方面还担任了传播社会价值的责任。如果一个品牌不坚持品牌向善的话，一旦遇到品牌的公关危机，或者遇到一个大家可能会对品牌产生误解的情况，所有的营销内容都会被消费者找出来。跨界要选择三观一致的品牌，这样才能收获"正正得正"的更好效果。

第 5 章
品牌变现战略设计：全局战略持续发展

品牌对企业意味着什么

在创立之初很多企业都会信心满满,希望能成为品牌企业。但是很多企业并不能实现自己的梦想,这背后有很多原因,但根本的原因是没有把自己的产品或服务打造成品牌。试想,那些五百强企业,哪一个不是靠着品牌和文化立于不败之地的。品牌是一种无形资产,品牌就是知名度,有了知名度就具有凝聚力与扩散力,就有发展的动力。品牌是一个企业存在与发展的灵魂。没有品牌,或者是只有贴牌的产品本身是没有生命力的,没有品牌的企业更是没有生命力和延续性的,只有重视品牌,构筑自身发展的灵魂,企业才能做大做强。

随着经济发展,无论是在经济浪潮下活下来的传统行业,还是不断涌现的新兴现代企业,各行各业的企业家们越来越重视企业品牌建设,他们都已经意识到品牌对于一个企业的重要性。不论大小,每个企业的存在都有它的唯一性,品牌是企业的标签。

现在已经不是单纯追求经济效益的粗放式发展时代了,精细化管理成为每个企业的发展趋势,品牌是企业的魂,要想长远发展,就必须为企业铸魂。每位企业创始人都应对当前经济形势有一个客观的、清晰的判断,要知道自己企业的优势和卖点在哪里,产品趋于同质化就很难突出自己的特色,差异化会很容易让你脱颖而出。

品牌不仅是一个术语，还是消费者对一个企业及其产品、售后服务、文化价值的一种评价和认知，是一种信任。品牌已成为产品综合品质的体现和代表，当人们想到某一品牌的同时总会将其和时尚、文化、价值联想到一起，企业在创品牌时不断地创造时尚、培育文化，随着企业的做强做大，不断从低附加值向高附加值升级，向产品开发优势、产品质量优势、文化创新优势的高层次转变。当品牌文化被市场认可并接受后，品牌才产生其市场价值。

品牌对于企业有以下四个方面的意义。

1. 有了品牌的企业更容易吸引消费者

当我们去买一件产品时，往往会首选品牌企业，这就是品牌对于企业所带来的价值。因为有品牌的产品不仅能给予消费者质量保证，还能够让消费者在消费时产生愉悦感和满足感。品牌背后是价值的体现，是一种让人信任的承诺。有这样的背书就会吸引相对稳定、忠实的客户群，也就意味着在同一品牌覆盖下的所有产品拥有持久、恒定的变现基础。品牌建设有利于塑造企业形象，提升企业知名度。品牌建设的过程是创建、宣传，形成品牌影响力，实现品牌价值转化的过程。这个过程初始阶段是对品牌的宣传，也是树立和宣传企业形象的阶段。企业随着品牌建设同步发展壮大，例如，格力空调和海尔冰箱，成为格力电器和海尔电器的重要品质标杆，由此树立了海尔和格力电器质量领先的企业形象。

2. 有了品牌就意味着能够获得销售量

同样的手机市场，苹果手机新型号手机还没上市就被提前预订，华为手机占据了手机消费市场的高份额，这样的状况来自品牌。没有品牌的产品往往很难接到订单，甚至会被大品牌挤出市场，所以很难获得稳定的销售量。所以，企业拥有一个响亮的品牌，消费者就会愿意埋单。品牌建设有利于企业的营收增长。从企业发展进度来看，品牌建设不仅有利于增强企业公信力、塑造企业形象、促进企业产品销售和市场规模的扩张，也有利于增加企业的产品附加值和品牌延伸价值，从而获得更多经济收益。由于企业品牌知名度的提升，消费者有了认知并产生信赖感，企业相关产品能够更加迅速和大规模地被消费者所接纳和选择，市场规模也由此打开，为企业创造更多的经济收益。

3. 品牌能够提高产品的延伸价值和附加值

品牌对于产品附加值的作用主要体现在奢侈品方面，例如售价高昂的奢侈品包包，90% 的费用为品牌增值。而品牌的延伸价值主要体现在品牌加盟付费以及品牌特许经营付费等，例如连锁奶茶店等每间店铺加盟费用就高达十几万元，特许经营费用收益也极为可观。

4. 品牌对于企业有着深远的社会意义

拥有品牌的企业往往是经营了很多年的诚信企业，也是被很多人认可的企业，拥有品牌才能培养起消费者的信誉认知度，企业的产品才有市场占有率和经济效益。拥有品牌的企业会成为其他企业的标杆，对经济社会起着很重要的引领和榜样作用。尤其品牌企业有自身的格局和文化、传统、氛围或精神理念，有提高品质、传递诚信、塑造形象的作用，社会、企业、消费者都会从中受益。

企业和品牌如何才能长寿

有的企业是百年企业,有的企业却三五年就倒闭了,究竟是什么原因造成了企业与企业之间的差别呢?或者说,什么样企业和品牌才能持久经营甚至变成老牌企业呢?

企业和品牌一旦成为"百年企业"或"百年品牌",就是对企业品牌强有力的背书,在市场上很有号召力。在市场上存在超过30年的畅销产品,都是长寿的。像可口可乐品牌的经典瓶装可乐已经有百年历史了,这样的产品已经是一个"符号"了,成为了人类文明的一部分。

任何一个企业,如果想要管理好品牌,让品牌成为企业经营的重要资产,科学、有效的管理方法是不可缺少的。几乎所有百年品牌都是几十年如一日地坚守品牌核心价值的典范。保证品牌核心价值的一致性,不随意调整品牌多年以来形成的核心价值,是打造百年品牌的基本原则。

要想让品牌走得远,必须从多个方面来布局。

1. 企业战略层面

企业能做长远的基础是开始实施品牌战略时不图短平快,要高瞻远瞩,只有布局长远才不会被眼前利益吸引进而出现赚快钱不负责任的行为。品牌的灵魂不在于知名度,而在于消费者心中的地位。品牌在消费者的心中能成为一个品类的代表、成为一种价值和风格的代表是关键。

2. 产品层面

能够走得远的企业往往靠的是优质长销的产品，比如，我们的国货产品老干妈，它既没有疯狂打广告，也没有参与任何跨界营销，就是踏踏实实地做竟然持续长销。老干妈靠的是独到的比例，它的辣椒酱吃起来不会腻，和其他调味品牌也比较容易搭配。所以说这种味蕾体验是老干妈的核心竞争力，这种天然的优势不容易被其他品牌复制。

3. 细节层面

任何一个好的品牌都在细节上用心，好的品牌管理一定要注意细节。比如大众周知的"星巴克咖啡"之所以能够誉满全球，得到消费者认可，离不开对品牌细节的管理。星巴克的核心理念就是认真做好每个细节，并且制定了相应的标准与规定。例如，为了保证咖啡的口感，星巴克会要求把咖啡的制造时间精确到秒，多一秒少一秒都不行。蒸汽加压煮出咖啡制作时间应该是 18～23 秒，如果 17 秒或者超过 23 秒完成制作，咖啡就会被倒掉。再如对搅拌棒的要求同样严格，不少咖啡搅拌棒是塑料制品，在高温下会产生异味，从而影响口味和健康。为了使客人品尝到更加纯正美味的咖啡，星巴克的研究人员用了 18 个月的时间，对搅拌棒进行了多次改进，最终使得这个小小的搅拌棒达到了最佳的标准。另外，星巴克规定，门店的咖啡豆如果 7 天内没有用光，就必须倒掉，这样做是为把细节落实到品牌管理当中。可以说，在星巴克咖啡的生产过程中，有上千件诸如此类的小事，正因对细节管理的严格要求，星巴克赢得了消费者的信任和青睐。从星巴克对品牌的管理中我们可以看出，一个好的品牌在塑造与管理过程中，需要的是从细节入手，以标准为主。许多细节是消费者或者合作者、内部员工最容易感知的东西，也是最能体现品牌管理效果的东西,细节做到位了,人们才能真正感觉到这个品牌的存在和魅力。

4. 认知层面

消费者能够记住的品牌才叫品牌,要不然企业做再多广告、参与再多活动都仅是自我取悦,而不是取悦消费者。所有的行业都在向内容行业发展,所有的营销都在向内容营销发展。而内容不只是图文、短视频、直播,消费者能触达的任何信息都是内容。内容需要故事,因为故事能更好地达到共情、建立人与人之间的链接、获得消费者青睐。如果能在品牌、产品、宣传内容中植入故事的元素,品牌就更容易潜入消费者的心中,获得消费者的自传播。这里的故事是指营造充满细节的、有镜头感的、能调动消费者情绪的故事化内容。

5. 意志层面

永远记住一个硬性的原则"好东西才能走长远"。做品牌就是做自己,要养成独立思考的习惯,培养独立的人格,做到100%为自己负责。企业要长寿,要基业长青,光有意识远远不够,还要从"意识"转化为"意志",坚定不移,对小事情也要坚持原则,形成自己的经营特色。从一开始打造品牌就要抱定一个"做出好品质"的信念,只有这样品牌才能经得起市场的考验。

优秀产品是品牌的基础

产品不等于品牌,但好品牌离不开好产品。产品是品牌之基,是品牌之本。市场中发生过无数有产品却成就不了好品牌的事,那不是品牌的错,而是产品本身存在问题。有人说,天下没有不好的产品,只有不好的营销策略。实际上,这是一种片面的说法,在真实的产品世界中是不可能出现的。

我们必须认识到,在"品牌"包含的所有元素中,产品是最重要的。

不要离开产品谈品牌,更不要离开消费者感受去谈品牌,注意,品牌一定是与消费者建立关系的利器。抛开产品谈品牌永远是空中楼阁,是难以成就实质品牌力量的。

产品的本源是消费者的需求,有沟通的需求就有了社交平台;有快捷支付需求就有了线上支付平台;有打车的需求就有了网约车软件;有点外卖的需求就有了外卖软件等。随着社会、科技和环境的变化,消费者的需求也是在不断变化的,因此对应的产品就需要针对消费者的需求变化做出相应的调整。产品的本源是需求,而一旦品牌长期不创新、不挖掘消费者新的需求,那么就会逐渐被消费者淡忘。

产品和人一样有生命周期,也会经历"生老病死",在以前产品的生命周期有十几年、二十几年,但随着商业环境的成熟,尤其是科技的进步，产品的生命周期变得更短。

产品要想持续占领消费者的心智，要么开发新产品，要么在现有产品上改良和升级。

比如，对苹果公司来说，它需要的并不是每年开创一个全新的产品，而是有节奏地开创新产品，同时把现有产品做到极致。因为只有这样才能保证公司在产品领先的同时获取最大利润。如果一味开拓新产品，没有利润的保证，下一代新产品的研发费用可能会大大缩减，从而无法保证下一代新产品足够惊艳。

创新之所以很重要，是因为世界在变、要素供给在变、市场需求在变，如果我们不能应变对变、以变对变，是没有办法解决问题的。

很多企业会认为自己的产品没有瑕疵，这是通病，产品就像自己的孩子，哪怕消费者并不买账，企业都认为是客户的问题。一旦陷入"自己的产品就是好"的自我催眠中，是不可能带给客户超预期的惊喜的。只有时刻检视自己的服务或产品是不是存在不足并加以改进，客户在同类产品中用到你的产品的时候才会惊喜。

总之，当消费者无论从物理属性层面还是情感心理层面得到了超预期的消费体验时，产品的口碑就会不胫而走，这是一条真理。

价值观营销是变现武器

品牌变现的核心就是价值观营销，那些大品牌和营销做得好的企业都是从价值观入手，获得消费者的认同。

比如，苹果公司品牌的价值观是"改变世界与众不同"，消费者与品牌有一样的价值观就会购买产品。乔布斯说过："营销学讲的是价值观：世界非常复杂，也非常嘈杂，我们没有机会让大众牢牢记住我们，没有一家公司能做到这一点，因此，我们必须把想让别人记住的事说清楚、讲明白。"苹果公司的产品以及营销处处是价值观的影子。在产品上，相比其他品牌，苹果公司更重视特殊人群的使用感，而在品牌营销上，"环保"是苹果公司的营销利器。

年轻的消费者在信息时代成长，更擅长处理信息与过滤信息，同时在个性化推荐以及信息茧房、社交圈层化等多重因素之下，品牌广告更加难以触达他们的内心，要打动他们并引发行动更难。

要想让年轻的消费者为某个品牌埋单，一定是该品牌符合他们的"价值观"。否则，产品再华丽、宣传得再好，没有和他们"同频"，依然很难打动他们的心。品牌要争取塑造出来一个立体的形象，让年轻的消费者去追随，有了自己的故事、有了自己的背景、有了自己的文化、有了自己的价值观，品牌才显得立体，这样的品牌有人物的个性，年轻的消费者会更愿意埋单。

比如，某运动品牌明明已经陷入非常艰难的地步却依然为受灾的地区大方捐款，这一举动得到了广大消费者的认可，他们认为这样的品牌有情怀、有大爱，所以才会纷纷抢购以至产品断货。捐款的这一举措实际上并不是刻意为之，却正好符合当下年轻消费者的价值观。

所以，价值观营销要由内而外，由心而发才能真正具有号召力和影响力。品牌要有自己的调性和价值观，要清晰认知、始终坚信并长期坚守自己的价值观，既不哗众取宠、急在一时，也不随波逐流、急功近利。在嘈杂的世界中拥有一份内心的宁静，做品牌就好比练瑜伽："是气力而不是力气"，讲求的是内外兼修，自在均衡。让品牌自然而然地形成并传播其精神内核，不断丰富其内涵并增加感召力，是价值观营销所追求的最终目标。

品牌体验比创新更重要

在品牌变现方面，开发更多的产品固然重要，但不一定带来持续变现的能力。相反，超越产品功能的全面体验优化往往能促进差异化和扩大变现机会。激发消费者热情需要企业将核心产品与消费者的消费体验相结合。

虽然购买的平台不同，但是对品牌好的体验都能触达消费者的内心。

企业的每一分努力都会被消费者感知到，同样，每一次懈怠也都会被消费者记住。能够被消费者记住的良好消费体验，往往在赢得口碑的基础上还会带来源源不断的消费认知，最终形成独特的品牌魅力。比如，海底捞作为餐饮企业的龙头，口碑非常好。之所以海底捞能够做到品牌界的第一，一定有其独到之处。

我们可以自己到菜市场买食材在家解决一顿火锅，只需要付出100元购买食材。同样，我们也可以到海底捞吃一顿火锅，即使吃的东西相同，但我们付出的可能是300元。其中的差价来自什么呢？在海底捞，我们除了满足了吃饭的需求，同时还有被服务的良好体验。

首先，来到海底捞的门口，就会有服务员对你深深鞠躬，看到你有重的东西会帮你拿进去。如果没有座位，会带你到休息区进行等待，等待的过程中，还会给你送免费的零食还有饮品，不仅如此，等待过程中也设置了趣味的活动。来到座位，服务员会送来围裙、毛巾，还有湿纸巾以及手机保护膜等。人们戏称，去海底捞吃顿饭送的东西比自己带的东西还多。这些让人感觉很开心的服务打动了消费者。海底捞生意火爆，不仅是因为调料好，也不仅是因为食材好，关键是因为服务到位。店面不大，但消费者却能获得满意的消费体验。

海底捞作为一家餐饮龙头企业能够成为"别人学不会"的模式，靠的就是品牌体验做得好。做火锅的餐饮企业特别多，但海底捞的品牌却能让消费者排着队等位也要去吃，这就是品牌重视体验的魅力。

海底捞可能是国内为数不多实现品牌体验的企业。为戴眼镜客户提供一块眼镜布，半份餐，营业员有免单与送菜权限，独自就餐有玩偶相伴，在细节中力求员工人力和主动性可以达到的完美。这种综合性的体验构成了一种线上线下一体化的"场能"。在线下的消费场景里，消费者获得了对比其他传统餐饮业态完全不同的消费体验。通过消费者纷纷主动自发的线上传播，加上媒体造势，在线上"打卡"是很多消费者非常喜欢的事情。这种"场能"导致海底捞向上、向下打破消费者的圈层，赢得了从白领、学生到家庭消费的多个目标用户群体，有了源源不断的变现能力。

从1994年至今，经历风风雨雨，海底捞已经从街边的麻辣烫小店，成长为到市值千亿的餐饮巨头。此外，海底捞通过极致的服务，成功走出一条独特的发展之路。海底捞的成功明显地告诉我们：优质服务对一个品牌企业发展至关重要，并且会带来源源不断的回报。

像《海盗思维》一书中讲的那样：当一家公司以顾客尊重的方式脱颖而出时，市场也会给予嘉奖。这正是消费者对品牌体验良好给企业的回报。你为消费者做得越多，消费者就越会倾向于选择你的产品，心甘情愿地付钱，并且免费帮你做广告。

无论多么复杂的创新，如果不能带给消费者良好的体验，就无法赢得消费者的心，那消费者又如何会在多如牛毛的品牌中选择你呢？企业能够用同理心、共情力去关心消费者，才能把顾客变成回头客。这就是重视体验带给企业和品牌的回报，而且这种重视体验的成本远比投入创新的成本要低得多。

不良的品牌体验将会毁掉口碑

毁掉一个品牌口碑比营造良好的口碑容易得多。特别是在互联网时代，信息无孔不入，并且网上不乏"吃瓜群众"，如果这些人跟着起哄、推波助澜，好的口碑会被他们传播出去，坏的口碑肯定也会被他们无限放大并传播出去。如果企业在前期口碑做得很好，传播也很广，但是后期产品的品质却出了问题，之前树立的良好口碑也会被消费者认为是虚假的。这样产品可能会火爆一时，最终还是要陷入四面树敌、销量下降的难堪局面。

老话说得好：金杯银杯，不如老百姓的口碑。在这个人人皆分享，处处看好评的时代，如果品牌不重视口碑，不但达不到变现的可能，还随时都会被淘汰。

现在的消费者既重视消费体验又特别乐于分享，好的品牌会被分享，糟糕的品牌体验也会被裂变传播。

在分享经济热潮下，无论微信朋友圈还是短视频软件都成为互相分享和传播的媒介。发个朋友圈，拍个小视频已经成为消费者生活的一部分，吃个饭"晒一晒"，出去玩儿"晒一晒"，甚至遛个娃、遛个狗也要"晒一晒"。

可以说，一张刷爆朋友圈有内容的品牌照片，其影响力可能堪比乃至超越一个品牌市场部悉心打造的宣传活动。很多品牌也将目光从传统的传播渠道转移到了顾客的朋友圈中，占领顾客朋友圈，就是拿下品牌推广的制高点。同样，一旦遭遇一个不太好的品牌消费体验，朋友圈也绝对是疯狂传播令企业口碑下滑的场所。

比如，汽车品牌奔驰女车主坐在发动机盖上维权的事件就是一个很好的例子，该女车主体验了品牌 4S 店的糟糕服务，于是在有理有据维权的过程中拍下了视频上传了网络，短短 24 小时刷爆了社交媒体，上了热搜榜。迫于舆论压力，最后该汽车品牌不得不公开道歉。该汽车品牌公司原本可以在最开始针对质量问题做出超出车主预期的售后服务体验，却选择了短期的小利，最终一步步把自己推向风口浪尖，再大的企业，如果信誉受损，也会对自身发展造成严重的影响。

随着现在线上线下传播渠道的发展，一旦品牌不照顾消费者的情绪和使用体验，负面口碑传播起来给企业带来的损失无法估量，一个普通的人朋友圈可能有 100 个以上的好友，如果其中有一个人发了一条对品牌不利的消息，假如有一半人可以看到，那么就会有 50 个以上的人知道这个事情，这 50 个人中的一部分再去转发了这条消息，就会有更多的人看到。除此以外，还有可能会在简书、微博等上面提到这件事，那样看到的可能又不止是这几十个。这样的传播有可能在短短几天之内让一个企业名誉扫地。

比如，加拿大歌手戴夫乘坐美航时托运的价值 3500 美元的吉他被摔坏，索赔无望之后，他把愤怒的情绪写成了一首歌，叫《美航毁了我的吉他》，并拍成了 MTV。一天以内点击达到 300 万次，获得 14000 条评论。视频发布四天后，美航股价下跌 10%，直接损失 1.8 亿美元。

俗语云，"好事不出门，坏事传千里"，意在告诫人们，对"好事"大家习以为常，不会刻意传播；"坏事"则顷刻传遍千里，招来千夫所指。

这就是品牌不注重口碑给企业带来的伤害。品牌如果做不到承诺的那样，就是虚假的、不良的，长此以往，本来积攒下来的信赖度就被消耗掉了。一个人、一家店、一个大企业或整个社会，都要注意通过诚信去积攒信赖度。简单来说，口碑积攒不易，但消耗却可以很快。人性化的体验在企业竞争中能显示出强有力的竞争力，在互联网时代更是如此。

品牌及企业之间的竞争已成为一种社会影响力的角逐，而口碑就形成于各方面影响力的角逐过程之中。只有诚实守信的商家才能在不断反转的舆论风口上站脚跟，才能得到越来越多人的信赖。

品牌要以人为本

这是一个消费者说了算的时代，所以品牌要从消费者端出发，以人为本去开发产品。品牌发展要基于对人服务、尊重人的状态。现在物质逐渐富裕，消费者对精神追求变高，精神追求高就会对产品要求变高，产品要适应人的需求变化。

"以人为本"就是在做产品的时候，深刻抓住人的需求，包括物质、精神、生理、心理的需求。围绕这些需求生产产品、围绕这些需求宣传产品、围绕这些需求销售产品。将产品变成一个时刻围绕"人"转动的东西，让顾客能从它那里获得自己想要的东西，无论是物质上的还是精神上的。

消费者之所以对某个企业或品牌产生了"忠诚",不在于产品有多好、企业是大品牌,而在于消费者感受到了"因为他们关心我"或"我在他们的服务中体会到被爱与被尊重"。当消费者对某家企业的感觉很好时,等于和这家企业建立了情感的纽带,而不仅是交易的纽带。客户总是在他们的钱上附着感情,如果希望他们付钱,那么也必须使他们对企业付出感情。这就要涉及企业的产品及服务是否走心、是否融入情感和爱。

有位女士搬家的时候预约搬家服务公司,让她感觉特别暖心。之前她也多次搬过家,每一次都是搬家公司问她有多少东西,需要几吨的车,每次她都答不上来,导致派的车不是大了就是小了,搬家预算大幅度超出。后来她选择了一家知名的搬家公司,这次搬家公司说先要抽出一天的时间亲自上门,查看需要搬走的家具和各类生活用品,并分类列出详细清单,然后根据实际情况,送来搬家时需要用到的不同尺寸纸板箱和胶带纸。为了避免搬家过程中家具和墙面的损坏,工人们先在大门、走廊处铺好防护膜。大小物品分类打包运到新家后,大件物品按要求摆放,小件物品会按原样摆放。为避免嘈杂的搬家过程影响邻里关系,他们还会提前和邻居打招呼,说一些抱歉的话。这让女士感觉十分暖心,不但预算刚刚好,而且在整个搬家过程中,她明显感受到了被尊重和礼遇,她的物品在到了新家之后也是分门别类放置整齐。这些细节让她第一次觉得搬家原来也能如此美好。她对这家搬家公司体验特别好,于是分享给了很多身边的朋友。

我们都知道顾客对品牌的重要性,可是真正做起产品的时候往往未能尊重顾客、未能让顾客感受到有爱、有情,而是尽最大的可能让顾客掏钱,尽最大可能去做到节省成本欺骗顾客。比如,餐厅用劣质骨膏勾兑的汤充当需花数小时熬制的高汤；零售商用粉面做成的丸子充当"章鱼小丸子"；服务场所用各类香精兑成的饮料充当鲜榨果汁；卖电器的商家无售后；卖服装的商家不退货……这样的做法不是走心，而是缺乏良心，又如何能让客户拥有忠诚度呢？

有一个新手妈妈自己带着宝宝在家，在高温40摄氏度的天气，她给某空调销售商打电话。离这个妈妈最近的空调销售商接到电话以后，询问了该客户的小区、所住楼层以及装修风格，在价格同等的情况下选择了一款最适合的送货上门。空调销售听到这位妈妈是一个人在家带孩子不方便出门，想到孩子一定被热坏了，在送空调的时候同时准备了痱子爽身粉。这位女士看到他们的服务，深受感动并向邻居、亲朋好友推荐了这家空调的服务质量。

可见，无论做什么行业，用一颗真诚为消费者着想的心去做产品，带着爱与情感去做营销，往往是最能赢得顾客满意的不二法门。

企业以消费者为本，拥有顽强生命力的品牌就会应运而生，绿树常青。

第6章
品牌变现盈利法则：赚钱才是硬道理

品牌营销：从4P到4C理论

在营销学上，有两个经典理论：站在企业的角度提出的 4P 理论，指的是产品、价格、渠道、促销；站在消费者的角度提出的 4C 理论，指的是顾客、成本、便利、沟通。从 4P 理论到 4C 理论是从产品思维到用户思维的进化。

传统的营销模式重点关注产品，以产品思维为导向，重点关注产品的功能、性能以及能否解决消费者实际需求，中心关注点在产品上。企业的产品思维是打造一款爆款，通过让消费者搜索到自己，然后吸引大多数人来购买达到变现的目的。而用户思维则是重视消费者，了解消费者的痛点、心理感受、意见和建议，并将这些不断融入自己的产品中，让产品给消费者提供实际价值、好的使用体验，同时提升消费者的参与感，逐步提升消费者对产品的美誉度和忠诚度。

过去，企业认为把产品做到足够精致和完美就能坐享源源不断的收入，这是典型的产品思维。后来，产生了流量思维的概念，企业认为只要有足够的流量，吸引足够的眼球，流量越高越好。而现在，企业开始意识到，不能把消费者当流量、当数据去看待，消费者是一个个活生生的、真实的、有血有肉有情感的人。

传统意义上的产品思维把产品当作一种物理概念，即一个个实实在在的东西,而信息化社会中产品的概念会发生变化,从"物质"的概念演变为一个综合服务和满足需求的概念。也就是说,企业售出的不光是一些物质型的产品,而是一种综合服务的理念,它包括产品的功能和质量、产品的售后和服务、产品的形象和文化等。

传统的营销思维,线下要流量,线上也要流量,但是随着互联网和移动互联网的发展,竞争越来越激烈,流量越来越少、越来越贵,绝大部分流量都被头部品牌占有。从流量思维过渡而来,就产生了粉丝思维,企业越来越关注粉丝,越来越关注用户留存。与此同时各种口碑效应也产生,企业希望通过自身的忠实用户实现口碑效应,继而进行裂变式营销。粉丝思维、留存思维、口碑效应、场景化营销、极致思维等,其实都是从消费者的角度来思考营销问题,只是思考的阶段性和角度不一样,有的是从产品角度、有的是从消费者角度、有的是从传播角度、有的是从运营角度。这就引出了本书要讲的用户思维,这也是营销的核心思维,涉及营销的各个阶段。

如果营销模式还停留在把产品做好就能打天下,那就落后于时代了,现在的品牌营销是得用户者得天下。只要粉丝买账,企业就有钱赚,否则再多的流量也可能变成无效流量而白白流失。

流量重要吗?重要,因为有了流量,才有可能产生交易,因此,品牌也开始越来越关注流量的运营。但很多时候,高流量并不代表高销量。现在经常会看到一些案例:一场直播观看量上百万,但成交额却是个位数,广告费用几千万元,但转化率只有千分之几……其根源就在于产品没有忠实的拥护者。如何让用户对品牌的产品和服务建立忠诚,就是用户思维,企业必须站在用户的角度去思考。建立用户思维可以从以下几个问题着手。

1. 用户是谁

目标消费人群是企业用户，还是普通的消费个体，是普通白领还是高净值人群？用户就是同学、读者、爸爸、妈妈、老婆、孩子等，一切人群皆可以是用户。目标用户一定是有清晰画像的特定人群。

2. 卖的产品是什么

以前可能产品必须是有形的"实物"，而现在的产品可以是实物，也可以是知识，甚至说出来的话、拍摄的一个小视频、一段精美的文案也是一个产品。

3. 想达到什么目的

一切为了成交。成交有三大要素，第一是信任，没有信任就没有成交；第二就是超值，顾客认为的价值超过他认为的价格；第三是无风险。

用户思维的核心是一切以用户的人性、兴趣、利益为出发点。年轻人是目标用户，就以他们的需求为出发点，老人和孩子是目标用户，就多用心关注老人和孩子的需求。

在互联网时代，如何针对用户打造爆款产品是摆在每一个创业者面前的难题。很多产品都是完全基于开发者自己的喜好和判断来进行研发。产品问世后，虽凝聚了开发者诸多心血，用户却根本不买账。互联网时代的营销和产品更多是基于社交化、场景化、娱乐化、互动化来运作的。一个产品让用户知晓只是开始，接下来的互动才是关键。

品牌与KOL建立营销变现

这是一个网红辈出的时代,网红的背后代表着流量的来源与变现的基础。所以,品牌在选择变现的时候会选择与网红合作。其中,KOL营销就是其中的一种。

关键意见领袖(Key Opinion Leader,KOL),是指在某一领域有发言权的人,KOL营销是一种比较新的营销手段,发挥了社交媒体在覆盖面和影响力方面的优势。而KOL的粉丝黏性很强,价值观各方面都很认同他们,所以这类人的推荐是带有光环的,他们的粉丝会细读点赞。

品牌与KOL合作营销是商业社会的一个潮流——不是人人都请得起明星,对于一些活动企业可以邀请KOL。目前主流定义的KOL指的是粉丝数在10万以上的达人,包含MCN机构旗下的达人和UGC属性的红人。据统计,目前各短视频平台的KOL规模已经超过了20万个。

在媒体多元化的信息爆炸时代,自上而下的传统品牌传播模式已不再适用。相反地,消费者愈来愈被圈层化,不同圈层的消费者有自己喜欢的意见领袖,这种情况下"内容"比"渠道"更为重要。在这样的网络环境中,选择合适的KOL,制订高效的营销方案成为一个重要的议题。

随着社交媒体平台的流行,微博等各种互联网社交媒体平台的KOL也越发受到品牌的关注,KOL们利用他们强大的流量和粉丝基础,可以为品牌导流新用户并提升销量。

品牌选择与 KOL 进行合作要注意以下五点。

1. 寄送产品的合作

比如，经过前期的调研，品牌如果发现 KOL 与自己的品牌特性相符，那么就可以寄送自己的产品给 KOL，或者花些精力在产品设计上，将这个设计好的产品作为赠品寄给 KOL，KOL 根据自己的内容风格对品牌的产品进行创意构思，拍摄图片或视频，写下或说出自己的使用感受，从而体现出产品的卖点。

2. 寻找多个 KOL 进行转发合作

品牌自己制作一个优良的视频或促销的内容，可以联合多个 KOL 进行转发和推荐，通过多个账号带动粉丝群体进行互动，形成传播热度。企业还可以邀请 KOL 作为品牌大使进行内容创作，为品牌提供信誉背书，扩大品牌在消费者心中的影响力和曝光度。

3. 佣金合作

很多知名的 KOL 本身不缺乏粉丝，所以品牌想要营销，只需要与 KOL 达成佣金比例的一致就可以，佣金包括纯佣金和销售额提成两种。如果是新口碑或营销预算不多的品牌可以采取单纯的佣金模式。在选择 KOL 的时候要了解他们的粉丝属性以及销售和带货的经验和能力。比如，资生堂与达人李××合作就是非常好的例子。李××整场直播都带有强烈的个人特色，3 分钟内就卖出了 5000 单产品，仅单品销售额就超过了 600 万元。这一次合作就是结合李××本身"美妆带货王"的人设，加之粉丝对其推广产品的信任度，从而达到新品迅速推广的效果。

4. 直播合作

采用直播合作形式,如果遇到真正的KOL往往产品销量能得到保证,一场直播下来变现效果非常直观。但是不能为了卖出产品而把促销价格弄得过低,这样并不利于品牌建设。卖货是目标,但不能牺牲自己的"王牌产品"。对主播的带货能力和价值口碑要进行深度考量。品牌可以让主播在自己的账号进行直播,也可以邀请主播或者KOL来到自己的直播间作为参与嘉宾进行互动、活跃气氛。

5. 品牌打造自己的KOL

很多KOL因为自己粉丝多、变现快,所以与品牌进行合作的时候费用相对较高,如果品牌能够打造自己的KOL就会省下不少成本。但前提是一定要选一个对社交媒体平台有非常彻底的熟知度、知道其玩法的人员操作,并且需要与社交平台建立密切、良好的合作关系,再加上高频次制作优秀的内容,以及天时地利人和等因素,才有可能培养出一个KOL,因而品牌还需谨慎思考。

品牌通过直播变现

直播带货,简单来说,就是一个网红主播坐在镜头前向观看直播的观众们实时解说产品信息,如果观众想要购买,可以直接在直播间下单。当然,这整个过程是由主播背后的直播机构及其运营团队、选品团队、配套供应链来协作完成。

无论是线下销售推广产品，还是线上直播带货，其本质都是销售，而销售的本质是商品的售卖，所以，直播重要的变现手段就是通过直播来实现导购和带货。直播本质上是一种眼球效应，一群人在直播间，会无意识地受到感染从而出现购买冲动。

很多品牌开通直播，利用粉丝互动实时化、消费场景可视化、营销方式多元化的特点，链接到卖货平台，实现销售转化。目前，抖音账号卖货链接除了淘宝、京东等链接，还可链接到抖音官方电商服务平台——抖音小店。相比其他第三方平台，抖音小店跳失率、卖货门槛相对较低，技术服务费相对优惠。

很多企业发现直播是商机，是新的商业模式，是建立在个人信用上的超级带货神器，于是纷纷加入直播界，各种"直播+"不断涌出。这是直播优越性的体现，也是未来发展的大势所趋。如果不想被时代抛弃，那就得加入直播这个行列，或者积极去布局直播模式，只有这样才能不被淘汰。

一般以企业或商家以自己卖货为主，多通过淘宝或京东这样的大平台进行直播。这类型的直播有卖货和引流两个目的，以自己的品牌主播为主，获取流量和影响力，主要收入是卖货收入，对粉丝的影响力不如网红和明星，通过持续的内容输出和启用多位素人主播来积累内容。对于资金充足的品牌，可以用明星和网红进行主播资源匹配，最终实现压低价格以量取胜。

如果企业的产品品质不错，是自有品牌，或是有成熟而稳定的供应链，应该从以下五个方面做好直播带货实现流量变现。

1. 在没有粉丝的情况下，先做好内容

无论是靠直播寻得别人的打赏还是实现卖货，一定离不开两种人，一是主播，二是观众。主播大部分都是先成为网红有了人气以后开始直播，所以也可以理解为"主播＝网红"。比如小米的创始人雷军在做直播，万达集团董事长也和著名主持人一起做直播，现在的主持人、商业大咖、明星都纷纷加入直播队伍，有了网红效应，直播带货就成了水到渠成的事情。有了自己的品牌之后，不一定就有十分可观的粉丝，那么积累粉丝的第一步是要做出优质的内容。在做内容策划的时候一定要接地气，切勿过度包装，通过线下真实场景结合产品自身优势，明确告知用户品牌是做什么的、品牌背书是什么、品牌的产品有什么优势，以此取得用户对产品的信任及认可。

2. 给自己的直播进行人设定位

现在直播已经发展出了一个相对成熟的模式，不再依靠靓丽的外表来当主播，哪怕只是一个普通人，足够真诚往往更能打动消费者。企业要把精力放在产品品质和服务意识上。要对所卖的产品有定位，比如，卖母婴产品的主播最好选择30～50岁的女性，既有育儿经验又有亲和力，这样的人才会有说服力，与观众不会产生距离感。但是，如果以做科学测评的方式直播，也可以用男性主播作为儿童专家的角色，如果是卖服装鞋帽的企业品牌，那么就要按照品类来定位主播人选，活泼类的服饰就选年轻活泼的主播，成熟稳重风格的服饰就选相对成熟理性的人来当主播。对于主播，企业可以选择是自主培养还是租借，如果是自有品牌，最好选择企业内部培养的方式，这样主播对品牌的熟悉度高，知道产品的优点和缺点，在与观众互动时也能有所侧重。企业内容培养的主播可以是创始人、总经理、公司高管、老员工等，因为这些人更加了解产品属性、产品特点、使用场景，给观众介绍产品时更富有情感和灵魂，也更容易取得观众的信任与认可，所以这些人员更符合主播的人设定位。

3. 把控产品和供应链

在直播卖货之前先要确定产品是否足够丰富、有没有爆款、产品的优惠力度，以及服务能不能跟得上。直播作为销售的一种模式，消费者很关键，要思考消费者需要什么产品、期待什么活动、会因为什么而感到惊喜。在观看直播时，消费者会因为什么而下单，这些都是作为主播在选品、直播过程中要注意的地方。毕竟，直播最终是为消费者服务的。随着主播慢慢积累了客户或者是粉丝之后，更应该了解粉丝需要什么，喜欢什么。

4. 直播场景打造

直播场景多种多样，有的是商品陈列间，有的是服装衣帽间，如果是卖农产品，可直接选择果园和田地。要想做好直播，直播间的布置及氛围把控也是很有讲究的，把主播放在一个什么样的场景中、突出什么样的形象会对交易产生潜移默化的影响。直播的场景需要根据所卖的产品来布置和设计，最终的目的是观众既看着舒服，又产生信任感。直播场景可以自己打造，也可以请专门的直播机构来布置。直播卖货不只需要布置直播间，还有很多基础直播配套需要设计。

5. 打造品牌团队进行精细化合作

直播不是独角戏，台前是主播在卖货，台后却是一整个团队在合作，直播团队要分工明确，运营、场控、主播、内容策划、拍摄剪辑、售后服务等缺一不可。在任何一个环节出现差错，都会让消费者产生不好的体验，从而影响销量。

品牌通过短视频营销变现

短视频已经成为日常生活中必不可少的媒介。短视频的火爆程度从短视频平台抖音的数据上可以体现,抖音的日活跃用户6亿+,日均视频搜索次数突破4亿。在互联网时代,短视频通过占据消费者的碎片化时间,占据了很大的流量。哪里有流量,哪里就有变现的基础。

传统营销里,电视广告、视频网站前的贴片广告、网络达人在视频中的植入广告都可以归为短视频营销的范畴。自媒体时代,各个短视频平台如雨后春笋般发展,短视频营销已经成为主流方式,成为企业营销的主要阵地。

短视频平台有着不俗的流量值得挖掘,短视频功能也越来越成为互联网产品的底层功能。

短视频平台凭借海量的内容和强大的视觉冲击力收割了大部分用户的注意力和时间,成为一个潜力巨大的"流量库"。更重要的是,抖音、快手等短视频平台通过数据算法,甚至比用户本身还要了解其深层需求,可以将合适的产品信息以恰当的内容形式自动推送给潜在需求者。

短视频平台吸聚着庞大流量,汇集了不同圈层的人,用户在这里共享创意、记录生活、关注互动、购买商品,这些特性为主流品牌打造强曝光、加强消费者与品牌的深度互动、直接引起销售转化提供了可能。

不论是传统的电视广告和视频植入广告，还是现在的各平台小视频营销，不管营销方式怎么发展，最终都是为了获取客户，实现有效营销。

短视频之所以成为新的营销方式，是因为短视频的内容形式非常生动形象，而且交互简单、沉浸度高，所以短视频代表了内容营销的最高境界。短视频营销拉流量的目的是吸粉，只有变成自己的粉丝才有下一步的营销，也才会让粉丝无偿帮企业宣传，产生口碑和裂变。

短视频营销分为植入类营销和自制类营销两大类。植入类营销就是把自己的品牌或广告等内容植入别的短视频内容中。植入营销又分为硬植和软植两种，硬植入的广告观众一看就明白是广告，比如小视频里直接出现某个产品，或者直接明确说明该视频是某品牌赞助，都属于硬性植入类广告。软植指广告形式比较委婉、不直接，观众看后不会马上就明白是广告，等到回味一下才会发现是广告。自制类营销就是自己制作或外包订制短视频。自制类营销也分两种，一种是广告型，另一种是栏目型。广告型的短视频都属于单片儿、不连续，通常只是为了品牌的宣传。栏目型内容可以连续，比如某某说股票、某某玩宠物，这样的内容当时可能没有多少用户被转化，但辐射范围也很广。

那么，短视频营销具体怎么操作呢？虽然每个平台每天都有超过几亿的用户，但由于短视频篇幅短，难以充分地表达产品的特性，加上互动有限，没有办法实时捕捉消费者的需求变化来促成交易，所以要想使短视频变成真正的营销，需要直播的协同配合，短视频是前期的预热，直播带货才是后续的关键。短视频形式＋直播达人矩阵组合的模式，可以带领观众完成"基本认知—种草—拔草收割"的完整消费链路，是值得尝试的同一平台内"跨品种"新矩阵玩法。

尤其从 2020 年开始，直播带货被越来越多的企业所看重。直播容易让消费者产生购物的冲动，即使观众在看过直播以后没有立即购买，但整个观看的过程已经给品牌和产品做了很好的展示和宣传，也在观众心里留下了印象，可以之后在别的直播间完成拔草。

短视频平台的直播带货模式比起别的电商平台或其他垂直类的平台，先天具有更大体量的基础流量池，并且短视频平台用户在习惯上也可以良好适应视频直播。

在一些主流的短视频平台上，较为可行的营销模式目前多数是以 KOL 短视频内容作为先导部队，抓人眼球，曝光重要信息；随后以多个直播 KOL 形成矩阵，承接短视频流量，在多次"心锚深种"之后完成收割转化。

在 KOL 投放中，可以选用头部达人（大规模曝光产生信用背书）、中腰部达人（跟随头部达人，填补认知空白进行种草）和尾部达人（与粉丝近距离接触，产生更真实的说服务，进行口碑推动）。

企业短视频营销主品牌账号可以和子品牌账号形成矩阵，日常子品牌账号围绕各自品牌和产品业务独立运营，关键节点共同出声，达到声量共振、粉丝互通。

打造品牌私域流量

"私域流量"这四个字从前两年开始走进大众视野,事实上,私域流量不是近两年才有的概念,私域流量本质是流量的所有权和使用权的归属问题。怎么理解呢?比如,类似于搜索流量这种公域流量,大的电商平台、搜索平台,每天看似有很多流量,但几乎没有真正属于自己的流量,这种公共的流量用完即走,体现的是使用权;而私域流量不仅可以使用,还可以储存起来反复使用,这就等于拥有了使用权之外的所有权。也就是说,公域流量是公共的流量,就像百货商场一样,看似人来人往流量密集,但购买的人很少,私域流量是私有的流量,也许并不多,但却很精准,都是自己的用户。

相对于公域流量而言,私域流量是网络用户查看或访问个人账号、朋友圈、社群或通过这些载体进行聊天、留言、点赞、交易等这些互动的次数。所以,私域流量应该理解为:某品牌或个人所拥有的、可多次利用并且能够免费且直接触达用户的流量。

在品牌变现方面有个观点,去别人的鱼塘仅仅是为了找鱼,能不能钓得上来还是未知数,而建立一个属于自己的鱼塘才是关键,这也是目前私域流量比较火的原因。企业品牌要建立一个属于自己的粉丝圈子,才会实现精准营销。比如,罗辑思维,樊登读书会、小米发烧友等,都是先有了粉丝，后来又将粉丝变成了圈子，然后为圈子成员提供优选服务，从而实现了盈利和声誉的双重收获。

就像下面的公式：

如果有1个粉丝，连接系数为0，这是一个失败的公司；

如果有10个粉丝，连接系数为1，这是一个传统的公司；

如果有100个粉丝，连接系数为2，这是圈子雏形；

如果有1000个粉丝，连接系数为3，这是一个中等圈子；

如果有10000个粉丝，连接系数为4，这是一个大型圈子；

如果有100000个粉丝，连接系数为5，这是一个现象级圈子。

连接用户，获得用户，留住用户，把他们变成你的粉丝，变成你的圈子，是现在乃至未来的盈利之道。用户第一次消费产品，是再次消费的开始；用产品连接上用户，频繁互动，建立长期关系后，创造的价值就更大了。

圈子代表一群志同道合的人聚集在一起，一起学习，互相交流，资源对接，共同合作，是最快的一种成长方式。一个圈子里的人无论是学习还是购物，都能实现集体性的目标，成本低，学习和收获却能提高。

品牌建立自己的私域流量和粉丝群，在建立自己粉丝圈子时应注意以下方面。

一是定位。打造圈子和打造个人品牌一样，需要做出精准定位。只有定位准确，才能吸引志同道合的人，才能让粉丝实现从普通粉丝到死忠粉的转化。只有你是这个领域的"专家"，粉丝才能信赖你、追随你。定位不能太宽泛，也不能太狭窄，有一个最简单的方法就是看百度指数，不建议尝试指数为0的领域，因为其受众太小。

二是打造粉丝圈的规则。建立一个群不叫圈子，只有粉丝中有了核心人物、有规则、有分享机制，甚至有一定的门槛才叫圈子。没有核心人物的圈子是一盘散沙，没有规则的圈子会变成广告群，没有门槛的圈子会是乌合之众，很难运行下去，没有分享机制的圈子没法形成合力，也就没有价值。另外，圈子人数不在多而在精，太多与定位不符的人，只会拉低圈子的价值。

之前是先有了产品再有客户，现在是先交了朋友再卖产品，圈子的功能就在此。以前产品好，有价格优势就能卖出去。而直播下的电商思维跟传统企业就刚好相反，企业先跟消费者把信任感建立起来，比如，直播带货的主播回答问题时比电商客服更有耐心，目的就是能够建立起粉丝的信任，再把产品卖出去。获取客户最大的壁垒不是技术，也不是资金，而是基于人与人之间的情感，情感和时间将成为最大的壁垒。

建立粉丝圈子就是要找到我们需要的目标用户，如何使这些人跟我们协作、连接、互动、产生良性循环才是关键。所以，做私域流量的运营可以模仿但切不可陷入同质化，别人用过的内容再好也无法出彩。我们可以从生活、学习、工作中寻找灵感、发散思维，这样才能制作出有持续吸引力的内容。

私域流量是一个体系化的运营策略，流量只是连接产品与用户的渠道，在搭建品牌私域流量池前需要考虑的核心不是如何去引流，而是基于产品进行产品的分层。运营核心具体体现在以下四个方面。

1. 要树立人设

私域流量运营需要树立人设，初级私域卖产品，中级私域卖流量，高级私域卖人设，所以私域运营得好的企业，往往是通过打造人设让用户产生信任，再通过更高客单价与拓展品来进行持续盈利。人设的概念随着自媒体的发展越来越盛行，一个人一旦有了影响力就会被人广泛关注并贴上标签，所以才会有很多"大V"，别人一提起这个人就能想到他所代表的领域，这就是人设。品牌和IP所带来的流量属于心流，即人心的流动，这是最真实的流量，但难以量化，不过这些粉丝黏性也很高。私域流量运营并非简单地发发广告、做做产品，而是考虑调性、标签，人心之流才是最稳固的流量。

2. 精细化运营

所有成功之事皆做于精，做于细，对于私域流量的运营也是如此。那些公域流量的运营大部分是粗糙的，而私域流量是属于自己的根据地，一定需要精细化操作。比如APP的流量运营是完全把流量沉淀起来的私域形态，通过数据标签进行个性化推送和福利吸引从而达到留存和转化的目的，这里面就有精细化运营的过程，如何给用户贴标签、推送哪些内容、怎么引导领取福利，这些都是要逐步细化的。

一方面要做到用户层面的精细化，另一方面要做到运营层面的精细化。用户层面要研究流量特征、细分领域和需求，这些问题是用户分层的主要依据，也是制定针对性运营策略的前提。APP流量可以通过大数据标签进行分层、分类、分群，社群流量往往需要利用人力去鉴别，如果有自己的产品系统，就要引导用户注册并与微信绑定才可以。只要将用户层面做到足够精细化，产品变现效果就会有很大的提升。运营方面的精细化体现在尽量缩短用户路径，带给用户惊艳的体验，这会对运营效果直接产生作用。运营就是拼细节，越细越好，精细化运营过程中会发现更多问题，从而促进营销方式和产品快速迭代优化，让营销目标尽可能达成。

3. 建立核心竞争力

大部分能脱颖而出的人都具备"特异功能",而这个功能就是核心竞争力,能够为他人带来价值。无论什么行业,只有能给他人带来价值的产品才能够得到市场的认可,这是一个永远都不会过时的真理。核心竞争力代表稀缺性,就是别人没有你有,别人有你也有时你比别人更好,这就是优势。

4. 重视变现

对于私域流量真正的理解不是"私域流量是我的",而是"我的流量池让我赚钱变得更容易"。所以说,私域流量的终极目标就是实现变现和让消费者复购。消费者对企业产生了深度信任后才会把时间和金钱花在企业的产品和服务上。私域之所以称为私域,是因为流量对企业有较高的信任度,可以帮企业减少转化周期的,提高转化率。如果不敢变现私域流量,说明企业的私域流量还很脆弱。比如很多企业做群转化的动作是等整个服务过程全部结束了才开始,虽然出发点是希望给消费者完整的服务体验再去打动消费者,但消费者的决策往往是非理性的,体验到一半就可能付费,等服务结束再去转化,消费者的热度已经下去,不再关注企业,这时候流量已经"不是你的",私域不再是私域。

私域流量运营就是从引流到裂变过程中,无时无刻不想着如何去转化对方。私域流量的核心就是让自己的私域流量户只购买自己家产品,让买过一次的消费者留下来,黏住了,一次次复购,想办法让未产生购买的消费者产生首次购买,这就是私域流量的核心,其实就是吸引消费者成为自己私域流量池的人,让他们消费。

所以,私域流量的引用先要转变思维,当拥有了用户思维以后,才能对于私域流量是什么产生更明确的理解，也才能知道私域适合谁。私域流量不再是只会机械地发广告和优惠券去对用户产生"骚扰"的机器，而要赋予其人格，让用户感觉到企业是真正懂他，真心对他好。所以私域流量其实就是一个属于我们的私人地盘。

私域流量用户与服务者之间的关系特征有四个方面：一是彼此之间的反馈与互动更为密切；二是双方互动的基础是社交或公益，一般情况是以非营利方式开始的；三是互动的领域不限于一个，可以实现多方跨界；四是用户与服务者之间的信任度高于公域流量。

私域流量可分为熟人流量和新获取的信任流量。熟人流量是由朋友、同事、同学等线下的社会关系延伸到线上的流量，是一种强关系的私域流量。熟人流量的转化率高，因为有口碑形成的宣传和推广，对于企业或产品能够起到推荐背书作用。但是，熟人流量的劣势也显而易见：传播面有限，难以形成规模。新获取的信任流量是通过影响力凝聚、专业服务吸引、同理心或利益诱导聚集起来的流量，是一种弱关系的私域流量，其优势是规模不受限制、传播广、具有共振效应。

在获取私域流量的时候不能凭一己之力，那样是很难完成的。只有与公域的大流量打通引流，才能有新的信任流量加入，所以，严格来说私域流量的建立与引流离不开公域流量的搭配组合。比如，通过知名的大平台如微博等公域流量的平台实现高曝光率，发布活动信息，然后去引流和沉淀用户到私域平台上。因为这些主流的社交平台有巨大的流量池，是用户和流量的海洋，这些用户会在这些海洋中寻找和消费自己需要的内容。所以，如果做好内容营销，就可以在这些平台上获得源源不断的精准流量。

视频号助力品牌变现

存量时代，与流量相关的博弈围绕私域展开，视频号则是含着微信这个全网最大的私域流量池"金钥匙"出生。从诞生到现在，视频号日活跃用户数量不断攀升，日活跃数量已经达到 10 亿。

视频号为品牌的变现提供了更多的机会。不夸张地讲，未来几年，视频号将会成为企业品牌和个人品牌的主战场。微信创始人张小龙发过一条朋友圈，他说："2 亿，是个开始，mark 一下，因为再不 mark，很快就 3 亿、4 亿了。数字容易，努力不易，需要很多很多思考，很多时间，很多人，很多次迭代，还有很多很多行代码……我说的是微信视频号。"这条朋友圈代表了品牌营销的又一个新的阵地——视频号。

很多人都认为抖音、快手涨粉越来越难，流量越来越贵，一个没有什么名气的品牌要在抖音、快手中谋得一席之地难度已经相当之大，根本无法从已经拥有百万、千万粉丝的头部达人以及众多成熟的 MCN 手中争抢流量。视频号的出现，则是让每个人重新有了站在同一起跑线的机会，让大家再一次迎来了又一个巨大的短视频流量红利期。视频号自带流量，可以盘活原来的私域流量用户。

发现页、订阅号、朋友圈、聊天页面，微信各处的流量皆向视频号涌去；增设独立入口、主播 PK、打赏分级、文件演示，视频号直播正被不断加码。背靠 12 亿微信用户，却尚未完全开发巨大私域流量，视频号将是未来十年直播电商的新阵地。

视频号基于微信的社交推荐机制，让每个普通人的视频都可以在朋友点赞的情况下推荐给朋友的微信好友，从而逐渐扩大圈子。在这种基础下，人们只需要再努力通过一些社群进行推广和传播，实现进一步扩散，如果内容足够优质或有特点，别人就会关注，相对轻松就完成了从 0 到 1 的冷启动。迈出视频号的第一步其实不太难，加以持续用心地经营，随着粉丝量继续扩大，个人 IP 也就逐渐形成了。

有了个人 IP 为基础，视频号通过高质量的短视频作品收获大量粉丝，拥有一定流量基础后，视频号运营者即会收到广告主及代理商的广告邀约，也可主动寻求广告变现，这是视频号流量变现的众多方式中最为直接、简便的一种。广告主及代理商通过投放广告获得曝光率或售卖产品，视频号运营者则通过打造广告获得利益，这是一个双向选择，谋求共赢的过程。

通过一年多的更新迭代，视频号产品功能不断完善，随着直播、微信小店、微信豆的出现，催生了直播带货、直播打赏等变现手法。

为什么说未来主战场是视频号呢？我们看一看视频号的具体优势表现在哪里：

1. 从流量上看，视频号获得的流量更加精准

在 2021 年微信公开课 Pro 直播演讲中，微信创始人张小龙披露微信数据：每天有 10.9 亿人打开微信，3.3 亿人进行视频通话，7.8 亿人进入朋友圈，1.2 亿人发朋友圈，朋友圈每天有 1 亿条视频内容，3.6 亿公众号，4 亿用户使用小程序。微信月活跃用户突破 12 亿 (合并 WeChat)，成为中国

互联网历史上第一款月活用户突破 10 亿的产品。微信里的大部分用户不一定看抖音和快手，而抖音和快手里的用户却基本都有微信，也就等于都有视频号。所以，跟其他平台相比，他们获得的流量是公域流量，而视频号获得的流量却是私域流量。因为不管在哪个平台建立的社交关系，不加微信，流量就还是平台的，就属于公域流量。目前，还没有哪个平台的粉丝比视频号更精准。视频号不是一款独立的 APP，是嵌在微信里的，背后都是微信的精准流量。其他平台的兴趣认证要 100 万粉丝，微信的兴趣认证只要 1 万粉丝。为什么视频号的粉丝这么值钱？因为精准。

2. 内容呈现的优势

视频号的内容与抖音和快手的视频不同，采用横屏、半屏模式的呈现方式，以社交为主。视频号的内容与其他辅助功能性信息独立于视频界面下方，支持 9 张图片、1 分钟以内的短视频"动态"和 1～30 分钟的长视频，对于知识性、沉淀型内容输出更加友好。用户在浏览过程中，滑到页面焦点则自动播放视频内容，视频中的浮评功能可以直接流动显示评论内容，与此同时，也可以"一眼瞄到"下一条视频信息的创作者、内容简介等相关信息界面。

3. 定位和算法上的优势

相比其他平台的视频内容，视频号更像是一个充满知识的图书馆，用户调性不一样，内容更具教育和科普性，偏向知识和资讯类内容。视频号内容多以商业、教育、营销、新媒体等为主。视频号以社交推荐为主，发挥的是熟人社交圈人际网络传播效应。创作者发布的视频和图文内容，微信通讯录好友能够优先看到，朋友参与点赞、评论的内容又会通过社交关系链被推荐至其他好友，使得作品不断扩散覆盖更广。比较而言，视频号推荐机制对普通人较为友好，每个人都有机会通过微信好友渠道实现破圈，触达更多微信受众。

4. 商业变现的优势

视频号是微信的内嵌产品，不需要额外安装其他移动客户端，直接在微信内部"发现"页面即可进入。视频号中的内容可以插入公众号、分享至朋友圈，发起直播并关联微信小商店进行带货，既可以在微信社群、私聊等场景内开展粉丝运营，还能与产品矩阵中的小程序、小游戏、微信支付等实现更多跳转，打造自身的生态闭环，实现导流变现。

5. 创作成本的优势

相比其他平台的视频内容，视频号的创作成本相对要低很多，因为视频号只需要手机就可以创作，很适合普通人，只要有内容创作能力，就有可能获得流量。所以视频号对于有微信运营经验的人来说，特别是有公众号粉丝的人，可以说是一次流量重构的机会。

6. 微信生态土壤肥沃

微信生态有微信私人号、企业微信、朋友圈、公众号、小程序、微信支付、直播、微信小商店，短视频就是最后一块拼图，而视频号正是完成这个拼图的核心。视频号虽叫"视频"号，内容却不局限在视频上，既能发视频也能发图片，现在还增加了直播、电商等功能。这便是创始人理想的"短内容"平台。随着"视频号＋公众号＋社群＋小程序＋小商店＋直播"的全链路打通，越来越多的企业和个人投入到视频号制作中。

通过视频号如何变现？以下五种方式可以变现。

一是直播＋电商带货模式。这是目前最主流的商业模式，可预知的是微信视频号的后续一定会有许多品牌方、主播、明星入驻电商直播；付费流量+直播电商这个模式，能不能在视频号里跑通还需要时间来验证。

二是直播打赏。微信已经注册了微信豆以及微信元宝金融物管的商标，一旦注册成功，那么微信就可以名正言顺地使用这些虚拟货币的代名词了，微信豆、微信元宝将会成为微信里面虚拟产品的交易货币，不仅局限于视频号直播，有可能在小程序生态也是可以用到的。

收取直播打赏一定是主播的可靠变现模式。

三是在线直播授课。未来在线办公和线上教育在视频号上会有作为，微信小程序的技术应用，相比于小程序或者APP，直接就能在社群创建一场直播，执行成本显然更低。"在线教育进场付费社群+直播授课"一定是一个有发展潜力的商业模式。

四是依靠优质内容进行品牌植入。视频号因为创作的内容多元化，那么可以保证品牌曝光度，之前抖音大量做剧情的很大原因也都是想获取这块"蛋糕"但是对于品牌主而言，他们更想要符合品牌调性，满足同一受众群体的账号进行商务合作。因此从一开始你就想吸引什么样的广告主，有什么样的商务能力是做这类账号考虑的前提。

五是发掘吃喝玩乐。生活的轻松娱乐永远都是人们乐于追随的元素，视频号做本地生活美食探店生意永远是一个很好的商业模式，民以食为天，大多数人看视频还是为了轻松娱乐。发掘吃喝玩乐分享攻略是一种讨喜的方式，但问题在于如何洽淡商家并与同行竞争中形成差异、避免审美疲劳。

随着5G时代的到来，在个体崛起的时代，人人都是自媒体，人人都可以有自己的品牌。未来赶上视频号的风口，积极定位好的内容，做出符合自己风格的视频，谁都能在视频号上留下故事和精彩，那么依赖视频号达到品牌变现也成为必然。

宠爱粉丝，粉丝才会埋单

粉丝是什么？追星族？消费者？重度消费者？超级用户？公众号订阅者？……很多人都有自己的答案。这些都可能是，但又都可能不是。用一句话来定义：粉丝就是支持者，是与你有情感连接的人或组织。

任何一个品牌无论选择直播还是短视频，无论是线下还是线上，能够持续变现都离不开自己的粉丝，现在依然是一个得粉丝得天下的时代。无论是普通人还是品牌企业，只要有足够多的粉丝数，变现就会变得容易。比如，吴××借助粉丝为吴酒打开了市场，让吴酒走入了公众的视野之中。罗××凭借粉丝搭建和运营了自己的自媒体从而名声大振，成为行业效仿的对象。小米通过建立粉丝社群，形成了品牌和规模效应，无人能及。所以，无论何种形式的变现，其核心要素都是因为有粉丝聚积和参与，最后形成粉丝聚集效应，最后促成更多交易，完成商业变现。

苹果公司的粉丝叫"果粉"、小米的粉丝叫"米粉"、华为也有"花粉"……还有江小白、喜茶等网红品牌，它们所打造的新型商业逻辑已经超越了单纯意义上的品牌与消费者的范畴。从一开始，在他们眼中，消费者就已经升级为粉丝。尤其小米，可谓是通过"参与感"将消费者升级成粉丝的典型品牌。

在一个"得粉丝者得天下"的时代，以人为本，以用户的真实需求为己任，以极致的产品体验为宗旨，真正能够以粉丝为出发点，以粉丝的体验为目标，做好内容、好产品、好服务，那么必然会成为这个时代的佼佼者，也才能够享受到粉丝带来的回馈和红利。

未来的品牌没有粉丝迟早会被淘汰，未来很多企业可以没有自己的知名品牌，但是必须要有自己的粉丝，否则难以应对日益激烈的互联网竞争，凡是赚得盆满钵盈的人，都和粉丝脱不了关系，有粉丝才有未来，没有粉丝就没有任何竞争力。

粉丝为你的直播打赏，为你吃喝的产品掏腰包，所以，要了解品牌的粉丝和目标用户，并且打造他们喜欢的内容。

怎么才能吸引粉丝呢？

1. 明白自己的粉丝是谁

粉丝就是未来可能成交的用户，如果无法清晰地定位用户，怎么可能成交？比如，某个社群电商的定位是佛教用品，那么他的粉丝关注的必定是一些佛教文化，那么他的用户就在佛教文化和信徒里，这样商家就可以有针对性地发布这类文章来引流自己的客户。而不要这山望着那山高，看到娱乐领域的阅读量非常大，就跑去做娱乐文章了，虽然发表的文章阅读量非常大，但是吸引过来的粉丝非常少，而且不精准。假设你做的是佛教用品，那么每天发布的文章和推送的信息一定是和佛教文化有关的，即使每天吸引来的粉丝并不多，但只要是被吸引来的一定是精准粉丝。吸引过来的粉丝，有人储存到微信，有人存到公众号，根据你的实际情况确定到底把粉丝导入什么地方。

2. 知道粉丝在哪里活动

通过定位在新媒体平台招募粉丝，如果是偏女性人群的品牌，可以先做好社群的定位，然后把社群的招募活动和社群二维码发布到微博、自媒体平台、朋友圈、招募相关领域的人群。通过筛选可以把精准用户导入微信和公众平台，可以在社群、公众平台、微信朋友圈同时推广活动给潜在用户，激活用户下单。

3. 知道如何让粉丝变成合伙人

如果企业在招募粉丝的时候用的是基础社群，也就是交流群、学习群，通过这个基础群找到精准用户再分化出会员群、折扣群、福利群，通过不同维度激活用户复购。在社交电商中有个比较关键的就是分销合伙人，比如建立的基础群、营销群加起来有 50 个左右，然后在这些群里招募分销合伙人。合伙人可以直接通过社交电商平台申请入住成为分销店主，通过自购省钱分享赚钱，通过分享帮助社交电商平台获取更多的流量和销量。

4. 有了精准粉丝，锁客留存也很关键

社交电商在运营中有一个工作比较重要，那就是锁客，通过社交电商平台获取用户和积累了大量的老客户以后，可以专门针对会员建立会员群。同时在社交电商平台做一个会员专享区，每天在社群推送会员专享的商品、专享的折扣以及专享的福利优惠券，激活会员用户，提升黏性和复购率，帮助社交电商平台提升销量。

5. 给粉丝惊喜

要能给予粉丝一定的惊喜。比如直播间有彩蛋、抢红包、送福利、拼手速抢超值，或者定期为粉丝推出打折优惠的活动等，这些都是变着花样给粉丝送惊喜。真心对待粉丝的人也会得到粉丝的真心对待。当你不是用套路赢得粉丝的话，那么粉丝也会真心成全你的幸福。对待粉丝要真诚，

用真心换真心。

留住每一位购买过产品的粉丝，可以有效降低企业投入的费用和精力。想要好好地留存粉丝，除了产品能够经得起考验，也需要一些技巧。比如，对粉丝提前进行新品预告、福利预告，利用粉丝对新品和福利的期待，不仅能够提前为下一场营销引流，还能促进下一轮的购买。想要做好预告，意味着准备工作需要做得更充分。

品牌靠粉丝赢得利益，所以时刻把粉丝挂在心上是条真理，在粉丝身上用心思才是真正有意义的事情。这就是互联网企业与传统企业的区别：传统企业是"先产品，后用户"，互联网企业的逻辑正好倒过来，坚持"以人为本"，有了粉丝，才有品牌的发展。

第7章
品牌变现文化赋能：
给品牌注入灵魂

品牌文化的内涵与意义

所谓品牌文化，指通过赋予品牌深刻而丰富的文化内涵，建立鲜明的品牌定位，并充分利用各种强有效的内外部传播途径形成消费者对品牌在精神上的高度认同，创造品牌信仰，最终形成强烈的品牌忠诚。拥有品牌忠诚就可以赢得顾客忠诚，赢得稳定的市场，大大增强企业的竞争能力，为品牌战略的成功实施提供强有力的保障。品牌文化是品牌在经营中逐步形成的文化积淀，代表了企业和消费者的利益认知、情感归属，是品牌与传统文化以及企业个性形象的总和。品牌文化突出了企业外在的宣传、整合优势，将企业品牌理念有效地传递给消费者，进而占领消费者的心智，品牌文化是凝结在品牌上的企业精华。

建立在品牌产品内涵基础之上的品牌文化，在消费者实际的消费体验中主要表现为：一方面，消费者对产品所能提供的文化消费越来越重视，即使是一件纯实用的产品，消费者也会越来越关注它在精神文化方面的价值；另一方面，在满足基本物质需求之后，消费者对精神文化领域产品的需求也越来越强烈。为此，有关"品牌产品的文化化"及"文化产品品牌化"的观念也开始走进人们的视野。

品牌可以比作人，就像人们常说，好看的皮囊比比皆是，有趣的灵魂却万里挑一，品牌的文化内涵就是那个"有趣的灵魂"。市面上的品牌多如牛毛，多数品牌已经意识到需要通过 logo 和包装甚至广告创意来让消费者感知和喜爱，可是这样做很难被消费者记住并青睐。所以，真正品牌文化内涵与意义就是能够长久散发出魅力并让消费者在纷繁的品牌中成为你的拥趸。简单来讲，品牌文化就是给品牌注入灵魂。

很多知名品牌都有其文化内涵，比如：

迪士尼的品牌使命是"让人们过得快活"，品牌愿景是成为全球的超级娱乐公司，所以迪士尼的一切产品和操作都围绕着给人提供快乐，通过不断地给用户提供快乐的价值，让公司成为全球超级娱乐公司。

小米品牌追求"人人都能参与进来"让消费者真正感受到什么是"体验式消费"。小米品牌快速崛起的背后，是社会化媒体下的口碑传播。它采用全新的商业理念，为了让用户有更深入的体验，从产品研发开始，让用户参与其中，与消费者共同完成研发，并把这个过程公布于众，建立了一个可触碰、可拥有，和用户共同成长的品牌。这种营销方式让用户参与进来，不仅能满足年轻人"在场介入"的心理需求，还能抒发"影响世界"的热情。

肉夹馍品牌"西少爷"是通过故事树立了一个年薪百万程序员转行卖肉夹馍的创业者形象，同时也塑造了一个非常引人入胜的品牌故事，然后通过互联网大肆传播，品牌快速出圈，博得许多关注，对品牌宣传推广起到了非常高效的作用。

麦当劳，通过一个可爱的麦当劳叔叔，让人一想到汉堡就会想到麦当劳窗明几净的就餐环境，还会记起那句充满个性的"我就喜欢"广告语，这些都是麦当劳品牌文化的具体体现，是一种便捷、清洁、舒适、活力的美国文化的代表，也是其企业文化的体现。

对于企业来说，这个企业给消费者的心理感受和心理认同就是品牌文化或者叫品牌内涵，它是联系消费者心理需求与企业的平台，是品牌建设的最高阶段，目的是使消费者在消费公司的产品和服务时，能够产生一种心理和情感上的归属感，并形成品牌忠诚度。

著名营销大师菲利普·科特勒曾说过："伟大的品牌能引起人们情感上的共鸣。"品牌的发展是建立在消费者感知之上的，之后才是其价值本身。这种品牌精神正是一个公司或是企业内部精神文化的外在表现，也可以将其称之为品牌文化，是凝合在品牌上的企业精髓。

现如今，同质品牌之间差异化并不明显，如果仅靠产品质量和性能去吸引消费者达到变现已经有了不小的难度，而品牌文化内涵却是经久不衰的。让消费者在众多品牌中选定你，最有效的方式就是给予独特的品牌文化底蕴。拥有了这种底蕴，消费者一旦接受品牌文化，就会产生忠诚度。

用极致思维打造品牌文化

任何一个拥有品牌文化的企业往往都不是一天两天建立起来的文化内涵，多数都是通过经年累月积累起来的。在积累的过程中往往不是做什么轰轰烈烈的大事，反而是聚焦在普通的事情上做到极致。任何一个企业，无论大小强弱，从事什么行业，都可以创出自己独一无二的品牌。创立自己的品牌，不一定需要巨额广告公关投入，也不一定需要品牌大师的策划设计。企业只需找到一种符合自己特点的企业文化，并把这种企业文化做到极致，就可以创立出自己独一无二的品牌。这种依靠企业文化成功创立品牌的例子比比皆是，区别只在于有意识和无意识而已。

海尔集团总裁张瑞敏说："坚持把每一件简单的事做好就是不简单，坚持把每一件平凡的事做好就是不平凡。"所谓成功，就是在平凡中做出不平凡的坚持。品牌也是这样，如果把企业中的每一件小事都做好，慢慢就形成了企业文化。

对于企业而言，极致思维即是"做更好的自己"。尽管社会发展的现实告诉我们，世上并不存在完美无缺的事物，但这并不意味着企业就可以放松要求。相反，企业要通过不懈地努力，让自身的经营水平越来越好。极致思维就是不断地"高标准、严要求"。在移动互联网广泛普及的今天，为顾客创造超过其预期的价值就是极致思维的绝佳诠释。

一个成功的企业品牌以变现和盈利为目的，但却不能单纯地追求短期出名，真正的品牌有几个要求：第一，要能够为企业带来效益；第二，要能够持之以恒地坚持下去；第三，要代表所在行业的发展趋势。没有效益的品牌是没有意义的；不能坚持持久的品牌也是没有生命力的；不符合行业当前和未来发展趋势的品牌，逆历史和行业潮流而动，当然也是没有前途的。

在极致思维方面，日本寿司之神小野二郎就是典型的例子，一辈子只做寿司，单是摊蛋饼这一项，他的学徒都要练三年，这种极致思维也使得很多人为了吃他的寿司愿意排队几个月。80多岁的寿司主厨小野二郎几十年如一日，专注于把做寿司这件事做到极致。在日本，"一生只做一件事"

的匠人很常见，日本也因此是世界上长寿企业最多的国家，有的企业甚至历经一千多年屹立不倒。

让自己的品牌做到极致要从以下三个方面着手。

1. 要有持续改进的态度

无论是初创企业还是老企业，难免在经营过程中遇到问题，在产品打造推向市场之后也难免会遇到问题，所以要本着持续改进的态度，发现问题、改掉问题才能提升。这样的态度既是进取的意识又是变革的意思，当客户对相关的产品或服务感到不满意时，企业就应做好相应的改善工作。首次改进之后，若有必要，再进行第二次改进，当第二次改进完成之后，如有必要，再进行第三次改进……唯有在不断精进的过程中，企业才能将自己"逼向"极致。

任正非早年去美国学习考察回来后，引进了IBM的管理咨询团队，为华为设计管理流程。那时的华为也是正从"游击队"向"正规军"转变过程中，而IBM咨询团队设计的复杂的工作流程，使得华为许多老员工不适应，向任正非提出异议。而任正非要求"先僵化、再优化"，一定学习得有模有样，熟练掌握后，再优化，再改进，对于不能适应的管理人员，直接提出"不适应、就下岗"。终于，华为被改造成了适应国际规则的正规军，为华为在国际市场上开疆拓土奠定了坚实的基础。

2. 不断提高企业自身的专业度

能够打造品牌文化的企业往往都具备着过硬的专业度，但这种专业度不是与生俱来的，而是通过后天的学习和培养获得的。在这个瞬息万变的时代，唯有时刻感知周围环境的变化，才能将最新的思想观念、创意、技术等赋予自己的客户。企业不断探索学习的过程就是增加"极致状态"实现可能的过程。行业的竞争无时无刻不在，你不进步，你不学习，正是你的竞争对手乐于看到的事情，因为这样减轻了竞争对手的竞争压力，对竞争对手来说少了一个可以匹配的对手，也就相当于给了竞争对手吞噬你的机会。更重要的是，企业和品牌今天能够给客户带去价值，明天却未必，因为客户的需求和欲望是无止境的，唯有给客户带去持续性的价值才能培养客户的忠诚度，持续性的价值源于企业的创新和成长，企业的创新和成长源于团队持续的学习。所以，要想保住市场效益、稳住经济效益、保住企业利润，就必须想办法稳住客户、留住客户，给客户持续创造价值；要想给客户持续创造价值，就必须持续创新与发展；要想持续创新与发展，就必须对团队进行培训。

3. 具备工匠精神

凡是被人追捧和信赖的企业或品牌都有一种"死磕精神"，说简单些就是一种工匠精神。只有这样的人做出来的产品才是极致的，因为在他们骨子里具备一种调性——产品做不好连自己这关都过不了。这种精神就是一种精益求精、用户至上的品质和服务精神。正如古人云"君子务本，本立而道生"。其中的"本"则为发心，也就是我们常说的初心。明确自己的初心，无怨无悔地坚持，在行进的过程中不断磨炼心性，保持始终如一的精神，才会做出最完美的作品，有更高的成就。

所以，当企业用极致思维去做事、做产品的时候，就能做出超出客户预期的东西。凡是客户能想到的，便不是极致；只有超出客户预期、能够感动客户的，才是极致。极致思维作为一种进取的态度，其核心在于对"最佳水平"和"理想状态"的不懈追求。世间本无现成的极致，亦无实际的至善，企业应当通过不断地学习和研究，捕捉到新的技术，探索出新的跨界方式。只有具备"以有限搏无限"的态度和思维，才能在未来拥有无限大的想象空间。

向标杆企业学习品牌文化

现在新的品牌不断涌现，但是建品牌容易，打造品牌文化不容易，尤其在初创的时候难免会迷茫，有些找不到目标和方向。面对前方道路上的种种未知，经营者最好的方法便是找到一个标杆去学习，锁定一个值得自己学习的榜样，仔细研究对方的"知与行"。汲取对方的优势和长处，从自己欣赏的标杆身上，看到自己未来的影子，在事业的迷茫期找到照亮前方航路的灯塔，这就是榜样的力量。

比如，小米最初创立的时候，就以苹果公司作为自己学习的标杆，这种理念一直贯穿小米的经营和发展。在有形的"物"方面，小米做到了"照葫芦画瓢"：创始人之间对标；小米手机的处理器、芯片、玻璃都向苹果手机看齐。而在无形的"意"方面，小米更是将苹果的"果粉"经营思维直接复制到了自己的运营中，其在粉丝运营方面所下的功夫，相较于苹果更是有过之而无不及。想成为标杆企业首先要向标杆企业学习，只有站在巨人的肩膀上才能看得更远，走得更稳。从最早开创标杆学习模式的施乐公司，到将标杆学习模式成功应用的美孚石油公司，从华为拜 IBM 为师全面学习 IBM 优秀管理模式，再到海尔把日本丰田作为自己的学习标杆，从世界500强企业到中小型企业,从国外到国内,标杆学习模式已经成为众多企业竞相采用的优秀学习模式。

之所以要向标杆企业学习,是因为时代的需要。前十年竞争对手也许是同行,但现在打败一个企业和品牌的未必是同行,也许是跨行业的企业就把客户给抢走了。例如:谁也不会想到"万能充"会被数据线直充给取缔掉,按键的手机被触屏智能机给淘汰,银行的竞争对手变成了第三方支付平台,速食企业的竞争对手是外卖平台,商超的竞争对手是互联网平台,等等。

这种情况下,只有努力使自己不被超越才能不被打败,而那些标杆型的企业无论是品牌的打造还是创新发展,都具备了非常强大的优势,所以学习这些企业就是学习一种过硬的实力。想要自己的企业成为行业内的标杆企业,唯一的方法就是持续地向标杆企业模仿、学习、创新以及优化。

试想,在国际上我们中国的品牌能让人记住的有哪些?华为一定是其中之一,甚至排第一。华为之所以能够有这样的知名度,就在于自身的实力过硬。在华为进入手机领域之前,中国的手机企业都是"组装商",硬件用三星芯片,软件用原版的安卓系统,基本不具备对芯片、系统等核心技术的掌控能力,更谈不上自主研发。而华为在进入手机市场后,也将自己"敢为天下先"的精神带入了这个领域。最终拥有自己的芯片,而成为具备真正实力的企业和手机品牌。能够自主研发出足以威胁到竞品的芯片,意味着华为已经成为中国企业中毫无争议的"信息技术之王",华为从技术的角度为我们树立了一个"自力更生"的研发标杆。无论是独立自主的精神,还是对技术的尊重,华为的经营理念都值得其他中国企业学习。

"以客户为中心，以奋斗者为本，长期艰苦奋斗"是融入所有华为人血液里的文化，华为人造就和炼成奋斗者文化的根本原因可归纳为以下三点：一是以结果为导向的绩效考核制度体系，二是看得见的高报酬和绝对明显的职能差异化机制，三是深入企业经营哲学体系内的奋斗者文化。

另外，向标杆型企业学习就是学习企业领导者的思维。天地之间，人最锐利的武器不是牙齿，不是四肢，而是思想，也就是用什么样的思维去做人做事，将决定你能看得多高、走得多远。一个人成功与否与这个人所持的思维方式、哲学、思想有着本质的联系。一个企业是否能够发展更长远、更稳定与老板的思维分不开。

随着时代和经济的不断发展，企业家的思维也要不断进化和提升，首先需要战略性的思维。晚清学者陈澹然指出："不谋万世者，不足谋一时；不谋全局者，不足谋一域。"领导者一刻也离不开战略思维，领导战略谋划和指导是否正确，直接关系到活动成败和绩效，也关系到企业运营的成败。

企业领导人凭借自己的观察力、判断力以及预见能力，形成具有高度和远见的战略眼光和战略思维，才能带好一个团队，领好一个班子。

例如，在日本家喻户晓的电器制造商松下幸之助，只读过小学。他的人生从在自行车行当学徒工开始，吃尽了苦头。但他依然给自己的人生和企业经营交出了满意的答卷，他真正成功之处就在于运用了超乎常人的思维方式，他用创新管理思维带企业走出了困境。

无论是初创企业还是老企业，为什么高层良好的远景和想法最终没有落地？这并非只是能力问题，工作经验丰富之后，每一个中层管理者都具备了相关的管理能力，但是文化的冲突不会消弭。文化冲突不到非常极端的情况下难以察觉，明明是文化的差异却被归咎到能力和风格上，搞出一系列非此即彼的矛盾。好的想法没有获得好的结果，一定是过程出了问题，这个过程基本上不只是纯粹技术性问题，还包括管理问题。领导者也是人，也有他的成长轨迹，他是什么背景，就会强调那一部分他擅长的领域而忽略其他维度。脑子里只有锤子看什么都是钉子，上来就敲。领导者需要的素质是理解各种维度的信息，而不是单纯弄一套统一的企业价值观目标愿景。事情归根结底都是人做出来的，项目管理发展到现在就是变革管理，增强企业的自主性和灵活性，根本问题还是文化的共识。

  企业文化和领导力就像一枚硬币的两面，我们不可能抛开其中的一面而单独去理解另一面。企业是由一系列的文化单元组成的，这些文化单元内部包含众多基于工作类型和共同历史而形成的强有力的亚文化。此外，在当前这个全球化的世界，我们也必须认识到，任何企业总是存在于更大的文化单元之中，企业的兼并、收购、合资等项目涉及的往往是多元文化主体，因而其员工必须具备跨文化工作的能力。在企业发展的早期、中期和晚期涉及的文化问题也会不同。

  所以，这些都是应当向标杆企业学习的地方，或者说企业的CEO有某个方面的特质，才能带领一个企业品牌走得长远，也才能对照标杆企业的长项来找到自己企业的不足，从而及时修正。

品牌文化的社会责任

有句话说"企业的责任感是最好的品牌",企业责任和社会责任的体现绝不是"赚吆喝"这么简单与浅显,而是可以体现其品牌文化核心、人文关怀精神的最重要的表现。当一个企业有能力担起"社会责任"这份重担时,市场和消费者也一定会对其报以最真诚的信任和感激。这样,社会与消费环境就能取得长期稳定的良性发展。

比如,"限塑令"开始执行的时候,一家奶茶店把之前的塑料吸管都替换掉了,最初因为纸质吸管影响了口感还被很多消费者投诉。但这家奶茶店觉得企业在环保公益行为方面要承担社会责任,这是一个重要的品牌文化的维度,于是不但把之前无法降解的所有塑料制品全部替换掉,店里的产品宣传也不再推广主打产品,而是换成了一组又一组员工做公益的实景照片,希望向消费者传递一个信息:这是一家具有社会责任感的企业。这家奶茶店还专门成立了公益事业部,在自己的官网上举办公益活动,其中包括关怀留守儿童,捐赠助农扶贫等。同时,在奶茶杯子和吸管的选材上选择了最环保的PVC纸质管,虽然成本提高了不少,但却用牺牲的成本换取了更多用户的良好体验。

企业社会责任是品牌不可或缺的一部分,品牌的口碑会在消费者当中建立起来,消费者能看到一个品牌的价值观究竟代表什么,做一个品牌不是简单地卖货，做品牌该要做出一个品牌该有的样子，选择牺牲一些商业利益，也会换来更多意想不到的回报。

品牌影响力来自两个方面，一是知名度，二是美誉度。作为品牌的延伸，承担社会责任也是重塑品牌的重要举措。"品牌社会责任"的概念最早诞生于英国，其核心在于企业应主动承担社会责任来完成品牌营销的使命，是品牌打造的更高阶段和最前沿手段。企业主动承社会责任也是为品牌打造区别于竞争对手的关键。

品牌的社会责任，提倡品牌不仅应该满足消费者的需求，更应该引领大众和行业。品牌所肩负的社会责任感不仅包括员工，更包括享受产品的所有消费者。品牌不仅要为企业负责，更要为企业所在的社区，所在的国家以至全球负责。具有社会责任感对于提升品牌美誉度具有重要意义。

现在的品牌营销并不仅靠产品过硬或宣传做好，更多的卖点来自文化、价值和情感的营销。比如人文关爱、节能环保等这些体现社会责任的价值观可以给人们带来精神上的巨大满足感，所以品牌一定要借助社会责任意识来实现更极致的营销，这种营销能够直接进入人们心灵的深处，让消费者对这样的品牌产生精神和情感上的双重依赖，这样才能获得忠诚度。如今，企业竞争已从单纯的价格、质量和服务竞争转化为具有深厚文化内涵的品牌竞争。通过品牌背后富含社会责任的企业文化，赢得消费者和公众对品牌的认同，已成为一种深层次、高水平和智慧型的竞争选择。企业要在提升品牌影响力的进程中履行企业社会责任，在承担企业社会责任的过程中提升品牌影响力。

比如，不少知名企业都是践行社会责任的企业。以苹果公司为例，从2008年开始苹果公司每年都会在官网上发布一份《苹果环境责任报告》，详细介绍苹果公司在环境保护方面的实践。除了这些社会责任，苹果公司还从循环经济、化学工艺、应对气候变化、供应商责任、带动就业等更多方面承担社会责任。

比如德国拜耳，不满足于单纯经济上的成功，而是希望更好地实现企业的社会价值，从而支撑起品牌的长久发展。拜耳坚信：始终保持高度的社会责任感有助于加强市场地位，并最终创造出更多的价值，将企业社会责任融入企业战略之中，并以战略性的高度将其付诸实施，这就是公司推行社会责任策略并由此获益的秘诀。正是这样的理念升华了拜耳的品牌价值，使它不仅是一个蕴涵科技属性的产品品牌，更是一个充满了社会责任和文化内涵的精神品牌。

再比如宜家，作为全球家具巨头，宜家于2012年制定了"益于人类，益于地球"的可持续发展战略，2016年就为中国消费者提供400种可持续居家产品解决方案和大量的绿色生活灵感。从2015年9月开始，宜家使用和销售的照明灯都是LED产品，年销售400万个LED灯泡，所节约的能源可让13万个家庭一年用电无忧。当然，宜家所做的远不止于此。作为品牌承担社会责任的实践，宜家的品牌美誉度也在不断攀升。

承担社会责任已经是超级品牌不可或缺的组成部分，几乎每一个超级品牌都在进行着品牌社会责任的实践。因此我们提醒一个企业如果想创立超级品牌，那么不仅不能逃避，反而应该主动拥抱社会责任，把握建立品牌情感的机会，让品牌从行业中脱颖而出。

品牌文化价值靠UGC推广

随着互联网消费者可以多平台、多角度参与品牌营销，品牌的文化价值也会依靠 UGC 进行推广。很多品牌已经在不同平台开设账号发布内容、跟消费者互动，利用免费平台发布品牌信息和促销信息，可以省下不少的广告成本。这只是很低级的一种思维，大的品牌都已经开始重视通过社交平台能否帮助建设品牌、提升品牌的美誉度，甚至引起购买欲望，而不单单是为了增长粉丝。

什么是 UGC 呢？UGC 就是用户生成内容。用户生成的内容是由品牌的粉丝或消费者创作的内容，包括照片、视频、评论等。品牌通常会在社交平台、官网和其他营销渠道上共享 UGC。比如，一些用户会在社交平台的帖子中标记品牌或产品，或用品牌的新品制作一段教程，品牌方重新发布到自己的社交账号中。

在社交媒体中发布 UGC 相当于口碑推荐，通过现有的消费者将品牌或产品推荐给他们的亲朋好友。这种方式比品牌生产内容更有效、更有可信度，为品牌免费打广告，带来潜在流量，提高独立站转化率的同时建立品牌忠诚度。

对于一个品牌来说，如果能有一个让消费者记忆犹新并自发创造、主动为传播的品牌故事，就能为品牌创造附加值，而一个好的品牌故事可以赋予品牌深刻的内涵，给品牌带来神奇的感染力。而这种能够让消费者自主创造并传播品牌内容的方式就是UGC，它甚至不用花费广告费，依靠消费者的口碑效应就能有效推广品牌，增加品牌的知名度。

消费者主权的时代，新旧文化不断冲击，有追求的消费者正在以一股全新的姿态冲击消费视野。同时，新爆发的消费形态给品牌带来了更多的机会和新玩法，也有利于搭建与消费者沟通的桥梁，为消费者提供感兴趣的讨论内容，引导消费者生产UGC，与品牌共创有价值的内容传播和提升品牌传播张力。

想通过UGC来发挥口碑力量，要选择一个好的内容平台和工具，更要懂得如何聚集用户，激发他们对内容创作和分享的积极性。

目前当红的内容平台有这样几类：以知识问答作为互动方式和以文字输出为主的平台，如知乎；以各种视频内容输出为主的平台，如哔哩哔哩；以书籍影视作品为中心发表书评、影评的平台，如豆瓣；以游戏直播为主的平台，如斗鱼；以女性为中心主要进行美妆、穿搭等生活技能分享为主的平台，如小红书；还有包罗万象，以自己为中心的内容生产平台，如微博。

这些内容生产平台中，内容生产的主力基本上都是用户。用户自发进行文字、图片、视频、音频等作品的创作，能够为平台吸引更多的新用户进入，带动平台的用户增长与活跃度提升。

品牌的价值基于顾客的认知，以及基于认知而产生的对企业的品牌营销所做出的相对于无品牌产品而言的差异性反应。如果这个差异性反应是正面和积极的，这个品牌就有正面价值，反之，这个品牌就有负面价值。品牌创建就是要创建基于顾客的品牌的正面价值。凯勒指出，这里的顾客，不仅包括个人消费者，也包括机构购买者。因此，这个概念不仅适用于个人消费品的品牌创建，也适用于产业用品的品牌创建。

现在社交媒体可以说遍布各个角落，消费者可以随时随地上网，通过不同的平台发布内容，影响朋友和粉丝，他们已经掌握了塑造品牌的主动权，他们不再是某个品牌广告的被动接受者。他们可以发布购买和使用体验，可以描述甚至重创一个产品的特性，也可以根据自己的喜好进行投诉或表扬，他们发布的内容形式多种多样，而不限于文字或图片，他们可发布小视频，也可以跟粉丝互动，点赞转发，从而让品牌价值和效应扩大得更充分，这就是UGC的力量。

随着在内容生产领域的不断成熟，UGC也不断地获得越来越多人的关注和认可，好的内容平台也因这些优质内容而吸引更多用户的加入。另一方面，品牌方也逐渐认识到，平台与其花费心力自己策划营销活动去吸引用户，不如直接利用优质、丰富的UGC内容作品来吸引"同道中人"，这可谓一个一举多得的营销手段。由此，UGC逐渐成为了品牌进行内容营销的"新贵"。

比如，网易云音乐"乐评专列"凭借5000条精选乐评带来巨大的效应，这些乐评出自网易云的评论区，是普通用户们的真情实感和肺腑之言，让来往的行人产生了深度的情感共鸣，可谓当年最为成功、经典的地铁广告与UGC内容营销了。

比如江小白、知乎、小红书等品牌都惯于用UGC内容作为内容营销活动中的"主角"。而在日常生活中，这种UGC内容对于消费者的影响和引导也同样无处不在，如豆瓣的影评和书评成为很多人挑选影片和书籍的参考，而淘宝商品的评论区功能，也成为了各种"买家秀"的内容生产平台，为很多的消费者提供了建议和参考。所以，利用好UGC内容进行品牌或者产品的营销，品牌自身要发挥一定的主动性，让目标群体看到自己想看到的以及品牌想让大众看到的内容。

所以，品牌要想靠UGC推广来让更多人知道品牌的文化价值，就要把之前重视KPI、希望涨粉的初级思维转移到重视增加UGC的数量上。通过"聆听"发现生成内容的用户，跟他们互动，拉近关系，让他们能成为品牌的倡导者。品牌营销做好UGC内容首先需要洞察目标群体消费者的特性，用符合品牌调性的媒介，定制品牌内容和消费者UGC内容，使两者融合，创造消费者真正的热爱的UGC内容。

品牌文化IP价值变现

要搞清楚什么是"品牌文化IP"，先要了解什么是IP。IP指的是具有一定影响力的、有延展性的品牌形象等知识产权，通过IP授权、联名/跨界合作、出版、衍生品开发、展览活动、影视漫画改编等渠道和形式，可帮助IP所有者获得巨大的营收。品牌文化打造成IP是通过品牌策划、品牌命名、产品开发、包装设计、宣传推广等方式。

在形式上，IP可以是视觉形态，比如视觉形象、表情包、漫画、动漫、插画、艺术作品、游戏、影视作品等；可以是文字形态，比如角色、小说、剧本等；可以是线下活动形态，比如展览、市集、聚会/派对/沙龙、讲座、演出、音乐节、艺术节等；也可以是其他形态，比如故宫、大英博物馆、梵高博物馆、国家地理等文化传播机构等。

品牌借助文化的力量打造成品牌文化 IP，产生的价值巨大，并且能够使品牌更加长寿。

比如，"诚品书店"以 24 小时不打烊的战略，突破以往书店有限时间的营运方式，为书店营造一种艺术的氛围，使书店并非只是卖书，还向消费者传达一种人文艺术的理念，每年举办超过上千场的文化讲座、表演艺术、展览活动。众多国际观光客常指名到诚品书店体验，诚品书店成为一个象征当地文化生活的观光旅游景点，俨然一个具有影响力的文化品牌。诚品书店通过场景的营造，使作为物的书籍与人之间的间隔被场景气氛消解，物不再是孤立的物，充满韵味和温情的场景为人与物建造了情感联结，提升了消费者在书店获得的体验价值，这就是品牌文化打造的 IP。

现在是泛 IP 化时代，不只内容公司在做 IP，越来越多的品牌企业开始打造 IP。在互联网全面渗透的时代，传播的碎片化使传统营销效果急降，渠道的扁平分散使过去的通路打法不够用，人群的圈层化要求品牌建立自己的粉丝圈层，而这些，都是旧品牌形象工程无法胜任的。品牌如果能成功建立起自己的 IP 情感文化，确实能事半功倍，因为 IP 化特别适合在碎片化传播中实现稳定的价值传播，并建立情感共识，这些都是传统品牌形象工程无法胜任的，在未来，IP 化很可能会取代品牌形象的工作。

人类接受文化熏陶的方式，经历了从实体世界到互联网的转移过程，经历了最原始的纸媒、电视媒体、PC 媒体，到如今的包括自媒体在内的移动互联网媒体的多个阶段。而我们的文化娱乐也逐渐地集中到电影、游戏、短视频等方式上。移动游戏作为移动互联网份额量极高的娱乐方式，是一种极具互动性的娱乐产品。移动游戏中所展现的人物设计、故事情节以及游戏的世界观、价值观，都在潜移默化中影响玩家的价值观念。随着国内手游产品质量的提高，除了以往的书籍、电影等方式，移动游戏将逐渐成为一个中国文化走出世界重要的媒介，尤其是原创的 IP 游戏。原创的 IP 能够更好地将希望传达的价值观融入游戏，如果企业能够将自己的品牌理念植入电影、游戏中，那么就会有新的生命价值。品牌在游戏中的植入，绝不是为了单纯露出自己的品牌标示 logo，也不是简单把商品放进游戏场景，而是要找到游戏用户，深入了解游戏的故事背景、角色特性，找到契合点，打造一场双赢的狂欢。

在游戏《绝地求生：大逃杀》大热后，网易、小米、腾讯等国内互联网公司也保持跟进推出了手游版产品。国内射击手游刚兴起时网易推出的《终结者 2：审判日》。在这款游戏刚推出时，通过在道具车上贴上补漏、防水等生活化的词汇，带动了玩家对这款游戏的关注，游戏中的营销套路也越玩越深。当时京东就是把自己的 logo 植入游戏，空投飞机、补给箱统统是京东的 logo，广告植入让网友直呼服气。

一年营收 25 亿元，"盲盒第一股"泡泡玛特的盲盒成为都市青年、潮流男女新的社交礼物；从游戏品牌到国民 IP，王者荣耀成为全球最赚钱 IP 前五十榜单中唯一的中国 IP；出周边商品、做文创产品、搞联名活动、办综艺节目，通过 IP 化运营，具有 600 多年历史的故宫在互联网时代再度焕发活力。

在行业对 IP 需求量大增的趋势下，不仅是本土文化传统 IP 受到重视，市场还在大量引进境外的经典 IP，同时影视、漫画、小说等渠道都产生了大量的、可衍生出游戏的 IP，IP 的来源也在日益多元化。除了本土渠道，境外的经典 IP 成为了游戏企业争夺的"美味"，这些 IP 在经历了多年的发展后，拥有了庞大的粉丝群和深刻的影响力，衍生的作品全面涵盖影视、游戏、漫画等领域，目前仍在继续丰富的过程当中。

人人都说品牌变现要以内容为王，其实质是在指称品牌借助文化打造 IP 表现出的两个方面：一个是为人喜闻乐见的表现形式，另一个是借助形式传达的文化内涵。有着五千年历史的中国传统文化无疑蕴含着巨大的转化势能和可待激活的"引爆点"。传统文化中能够与时代结合的元素可以被更加细致地挖掘和阐释，人们对传统文化的了解途径也因此大大拓宽。不难预见，未来一定会兴起传统文化 IP 开发的热潮，因为这是一座宝藏型的 IP"富矿"。

可以说，我们正处在一个文化创新的时代，这是一个文化融入科技引领的时代，又是一个多元文化融合的时代。

有了 IP 这座宝矿，品牌、产品不仅可以占据消费者心智，也能实现商业上的巨大成功。

在自媒体时代，IP 已经变成了一个符号、一种价值观、一个共同特征的群体、一部自带流量的内容电影。

没有哪个 IP 是轻易打造而成的，品牌需要能持之以恒，内容上贴合目标用户，步步打磨才能做出好的 IP。

IP 最重要的就是内容，内容是 IP 的灵魂，内容就是 IP 联结用户情感的沟通桥梁。现代社会中各行各业都有优质的 IP 形象，"无 IP 不品牌"几乎成为品牌策划人的一个共识，打造 IP 也被诸多企业列入品牌战略。

第 8 章
品牌变现案例解析：向知名品牌学变现

故事营销——宜家家居

宜家作为家居企业在中国市场具有巨大营销和发展的潜力，被人们冠以"简约""白菜价""营销高手"等关键词。尤其随着人们对于"极简和实用生活"的提倡，宜家已经成为家居品牌中的都市时尚引领者，那么宜家家居是靠什么实现营销变现的呢？

第一，宜家的定位很精准。宜家在进入中国市场前，就做了详细的市场调研。如宜家在欧美以中低价走红，对中国人来说则价格偏高。因此，宜家针对中国的消费群体做出改变，因地制宜地分析市场，做最准确的产品定位。于是宜家把目光投向了大城市中相对比较富裕的阶层，在中国有了新的市场定位："想买高档货，而又付不起高价的白领。"

第二，宜家家具的营销定位是打造"种类繁多，美观实用，老百姓买得起的家居用品"，如此决定了宜家的品牌风格，既保持能让消费者接受价格，又尽最大努力去迎合中国人"物美价廉"的购物口味。

第三，宜家与普通家居市场不同的是宜家对顾客人性化关怀。国内的很多家具店动辄在沙发、床上标出"样品勿坐"的警告，相反宜家允许消费者在商场里体验自己的家居产品，在卖场，所有能坐的产品，消费者都可以坐上去体验。宜家把人们购买产品的体验做得十分细致，逛过宜家的人都知道，宜家的家具商场其实并不完美，但他们在细节上下功夫，比如便宜又好用的挂饰、极具设计感的地毯、身临其境的场景家具以及颇具风味的小吃，还有出口处1元钱的冰激凌。这1元钱的冰激凌看似赔本，却为顾客带来了极佳的体验，成为人们记住宜家的一个标记。当顾客想起逛宜家的经历，就会想到便宜好吃的冰激凌，会觉得整个行程都很棒，而会忽略掉中间的那些小烦恼。

在宜家，不少价格便宜的货品，质量一点都不差，而且这些东西都放在最明显和最易拿的位置；而很多店铺却相反，往往把价格不高的货物放在很不显眼的地方。逛宜家的时候，不难发现很多拿着购物袋的消费者很随意地就把一些几块钱的宜家产品放到袋子里，其中有老有少。通过观察这些来往的顾客发现，不少人都比较喜欢拿一些恰好能装进宜家购物袋的小玩意，譬如宜家的公仔玩具或是一些可携带性比较强的东西。

宜家的这种做法其实是一种品牌潜移默化式的推广，别看这些小东西价格不高，但只要消费者每次都带几件回家，慢慢就会积少成多。由于宜家的产品从设计上有一定特点，因此会让消费者逐渐形成一种宜家思维，当需要大规模装修或者购置新家具的时候，看到这些散落在屋子角落里的宜家小物，便会第一时间想到宜家，去宜家购物，让自己的家变为纯粹的宜家风格。

以上这些方式就够吸引消费者了，然而宜家的根本营销手段在于"故事营销"。宜家的产品卖点建立在"物美价低"和充满乐趣的动手组装上，根据品牌受众，讲述了很多品牌与消费者之间的故事。

比如，小商贩张阿姨一家，需要在十几平米的空间里满足7个人的住宿。故事讲述了张阿姨一家更好地生存下去的梦想，而槟榔摊就承载着这梦想。故事用 5 分钟真实还原了平凡人的生活，巧妙地把宜家家居的实用性和功能性一一展现出来，将张阿姨一家的梦想与宜家品牌理念相结合，突出了"小空间大梦想"的广告主题。

比如，宜家将"情侣吵架""兄弟分歧"等日常生活场景融入故事中。通过场景故事，宜家在广告中给消费者提供生活中问题的解决方案。围绕生活场景实施的创意，拉近了品牌与消费者之间的距离，给消费者好感，并帮助品牌迅速打开消费市场。宜家不仅是家具品牌，更是一个提供"与家庭日常相关的解决方案"的品牌，宜家将平凡人生活的情景融入品牌构建的故事场景中，把消费者代入品牌构建这个场景，占领消费者的心智。

作为一个拥有悠久历史的家居品牌，为多数人创造更加美好的生活是宜家一直以来在践行的精神理念。发展到如今，宜家贩卖的不只是产品，更是一种生活方式。可以说，宜家懂消费者，懂生活，更懂得家具应该有自己的灵魂。

宜家作为一个历史悠久的家居品牌，将为多数人创造美好生活作为品牌经营理念。宜家用讲故事的方式拉近了品牌与消费者之间的距离，让消费者对品牌产生了信任和好感。

体验式营销——苹果

坐落于美国硅谷的苹果公司可谓是家喻户晓，旗下的产品是潮流人士追求的宠儿，其中的市场营销原理很值得我们深思。研究苹果营销模式的人都可以说上一些苹果的强势之处，苹果成为"口碑营销""饥饿营销""人性营销""体验营销"等的代名词，体现了苹果强大的营销策略。

"苹果迷"们追逐苹果的各种产品，常常忘我地向周围的人展示自己的爱机，交流使用心得，炫耀爱机的个性配件。即使是索尼、戴尔这些响当当的一流品牌，其用户的热情也无法与"苹果迷"的热情相比。

为什么苹果能做到如此的境地呢？其实都离不开一个词"体验"，苹果卖的不是产品，更多的是体验。

苹果的发烧友大部分属于体验忠诚。没有使用苹果产品之前，只觉得苹果产品贵，用过以后，觉得产品用得好，就顺理成章变成苹果产品的粉丝。

苹果创新了消费者习惯，苹果手机的出现带来了一系列的重大变革，不能更换手机电池、没有多任务、不支持其他系统的蓝牙传输、没有键盘……一切都与原来的主流相悖，然而经过了适应、引导、改变的过程，依靠颠覆式的创新，苹果手机得到了世界各地的狂热粉丝的大力支持。之后苹果不断革新技术，创新人机对话的交互方式，苹果系统内置 AI 助手被打造成一个无所不能的全能人工智能产品。

苹果创始人乔布斯曾表示要"超出任何人的想象，做出真正的伟大作品，能载入史册的作品"。这就是一种典型的品牌体验思维，要么不做，要做就做到极致。在开发每一种产品时，乔布斯都会在某个时刻"按下暂停键"，回过头去看最初的设计，因为他觉得产品不够完美，甚至连那些看不到的部位都不马虎。在监督设计苹果Ⅱ型机和Mac机时，他要求工程师重新整理芯片布局，使线路板看起来整洁、美观。"就算它是在机箱里面，我也希望它尽可能漂亮。伟大的木匠是不会在橱柜背面用烂木料的，即便没有人会看到。"线路板重新设计后，他让工程师和Mac团队其他成员签名，然后把名字刻在机箱内部。"真正的艺术家都会在自己的作品上签名。"

苹果手机作为智能手机领航者是毋庸置疑的，尤其近几年来，苹果产品的外形和功能受众多智能机厂商的模仿。苹果产品就是在考虑性能的基础上，也注意产品的颜值。

在同质化的时代，仅产品功能上的满足已远远不够。人们更追求一种符合时代特征的产品体验，而产品的"颜值"往往是吸引消费者的第一步，消费者购买产品多会先看"脸"，产品越中看，格调越高，越容易让人们获得更多优越感，就往往越容易吸引住人！

"体验"不仅在营销环节，"营销"也不仅是单纯的市场推广和渠道销售。"让生活充满色彩"是"苹果"30多年来一直在不断努力的目标。苹果公司体验式营销都体现在哪些方面呢？

产品设计：在"苹果"的世界里，"简约"和"专注"是同义语。简约就是关注产品最本质的意义；简约的同时还要亲切——提供愉悦体验。

产品包装："苹果"产品的包装盒没有印刷多余的图片或功能介绍，包装的每一部分的设计，出发点都是让用户能够迅速安装好机器并立即开始使用。

网站设计："苹果"网站设计充分反映了简约之美，在首页只推广一种产品，如果消费者希望了解别的东西，可以从其他产品分类中再选择。

产品发布：创始人会将产品发布的幻灯片删减得只剩下一个字，带来极简体验。

销售环节："苹果"把开店理解为"一项创造体验的事业"。因此，能做到令客户为了购物而来，满怀激动而去。主要做法：店铺设计简洁大方（只选用不锈钢、玻璃和斯堪地那维亚地板三种材料做装饰），店铺选址更贴近人们生活（选在购物中心或商业区内，方便接近），允许客户试用产品，提供周到的服务（店辅设置"天才吧台"，解答客户任何疑问），让购买变得简单轻松（店铺没有收银台，而是每个店员手执付款终端机来回走动使客户更轻松便捷地结账），提供一对一培训。

苹果从方方面面打造简约不简单的营销理念，然后带给消费者极致的体验。苹果依靠自己强大的技术创新能力、卓越的工业设计技术以及对用户体验的极致追求，锁定了它的适用人群——追求潮流时尚、个性张扬的年轻人，其中也包括了阶层、收入相对较高的白领和商务人士。苹果公司在成功树立具备创新精神、引领用户体验的品牌形象后，产品销量一路飙升，树立起手机行业的标杆形象，形成了极高的用户黏性。

私域流量营销——麦当劳

很多年了，做营销的人都知道要向麦当劳学营销。麦当劳既有创意营销、事件营销、热点营销、跨界营销，还有凭借自身的 IP 做营销，总之，麦当劳作为一个快餐品牌，却能把营销做得五花八门，并且都十分有效。但最值得学习的是现在打通线上和线下营销的时候，麦当劳是如何做到搭建自己的私域流量营销的。

据统计，麦当劳有 8000 多万私域用户，这才是麦当劳变现的核心，非常值得线下门店去模仿，从用户进店到用什么方式把用户变成你的私域流量，这是所有做私域的门店都要考虑的事情。

麦当劳的私域流量是所有企业里边做得最全面的，麦当劳通过一系列的布局让用户转向他的小程序、APP 或者社群。从用户进门那一刻，他已经做好了周全的布置，等着用户进入他的社群。用户在推门那一瞬间，就会看到玻璃门上介绍用户加入小程序有优惠的宣传海报，等用户点餐时，自助点餐机的位置上面会有个介绍小程序、APP 的 KT 板，会有店员给用户介绍使用小程序或者 APP 的福利，甚至店内还会有横幅，说明加入福利社区有哪些优惠。在用户取餐的过程中，店员会继续介绍，吃饭的时候桌子上还会有小程序或者下载 APP 的活动的宣传卡片，麦当劳在每一个环节都在把进店的消费者引向他的私域社群，店内每一个环节都有可能拉入消费者。

这种营销布局就值得线下门店学习：用户一旦进入麦当劳的私域流量池，就升级成了运营的主要目标，比如说APP里的很多链接都是活动推荐和福利相册，不论是新加入的会员还是老会员，都会有单独的展示页面。总之，每一步都会向消费者宣传福利价格，然后实现变现。

值得注意的是麦当劳私域流量还有两个非常亮眼的点：一方面，它的营销设计让消费者感觉很"占便宜"，从周一到周日每天都有福利，周五也有单独的活动。另一方面，它的会员制很独特，会员制会给消费者一个身份的归属感，有早餐卡、外卖卡、家庭卡，麦当劳几乎替消费者考虑到了每个场景，开卡的费用也比较便宜，基本上消费一两单就可以开卡，所以用户更愿意体验。

麦当劳通过这样的方法吸纳了会员，打造了专属自己的私域流量池，让自己的运营更有层次感，变现也就理所当然了。

情绪营销——鸿星尔克

鸿星尔克作为一个名声不显的国货老品牌，在短短48小时内销售额突破了一亿元，这不得不说是营销界的传奇。其实这个传奇并不神奇，只是营销手段中的一种，既可以叫作反差营销，也可以叫作情绪营销。或者说是通过反差来触动消费者的情绪，最终实现的营销。

消费者追捧鸿星尔克，不仅是因为它的宣传工作，更多的是反映了我们当下的市场真实情况影响，当时河南连续下了几天暴雨，社会各界纷纷为受灾群众捐款。在众多企业中鸿星尔克并不是明星企业，甚至是个因亏损即将淡出人们视线的企业，但却捐赠了5000万元。虽然这个品牌不是大牌，但产品的质量不错。这条捐款信息刚发布的时候并没有获得很多人的关注，反而很多明星捐款50万元就直接上了热搜榜，这么好的良心企业捐赠了5000万元，竟然没有人关注。于是人们纷纷为鸿星尔克打抱不平，消费者们说鸿星尔克2010年度净利润才7000万元，近几年是连续亏损的状态。在所有的国产运动品牌当中，它的盈利是最低的，甚至曾经申请过破产清算，就是这样的一家企业在社会最需要的时候捐了整整5000万元，这样的精神带来的感染力足以成为消费者支持和购买的理由。因为这样的反差激起了消费者情感上的共鸣，尤其是捐了5000万元却没有声张，消费者都被这样的一种低调又朴素的爱国主义情绪所感染。消费者能看到这家品牌创始人的利他之心和责任感，所以才有了后续消费者纷纷去抢购鸿星尔克产品的行为。

鸿星尔克卖断了货，一度劝消费者谨慎消费、理性消费。越是这样说，消费者越抢购，都在用自己的购买行为表达对一个国货品牌的爱。所以才有了48小时的营业额突破一亿元，这的确是一个成功的营销手段，但却又不是一个手段，只是用利他和责任意识先去做了"舍"，才有了后来的"得"。

有品牌营销资深人士认为，本次鸿星尔克的品牌传播是一次"意外的品牌传播"。主播在直播间里与消费者互动能够直接观察消费者情绪，让鸿星尔克树立了一个为消费者思考的形象，品牌热度从线上传递到线下。

营销创意专家蒋美兰表示："该事件的传播属于网络营销中的'正三角模型'，通过一件极小的事情，不断地向外扩展，最终成为一个比较大的话题，激起消费者的共情，并带动了实体店的销售；但情绪是造就话题的重要因素，勾起情绪后也需要控制，话题过后需要拼实力。"在此次事件中，首先是情绪点的引爆。蒋美兰表示："新媒体的引爆有两点：成图率和情绪点。成图率主要涉及参与打卡、拍照上传，而情绪点则意味着话题一定要引发情绪，让情绪不断发酵。在群体接力中，细节逐渐丰满，为鸿星尔克立了个爱国本分、善良救灾的'人设'，这就是触发汹涌情绪的起源。"

鸿星尔克这样的一次营销，值得很多品牌学习。

文案营销——小米手机

小米的文案获得了众多业内人士的称赞，这是如何做到的？在产品的文案策划和画面表达上有两个要求：一要直接，讲大白话，让用户一听就明白；二要切中要害，可感知，能打动用户。"卓尔不凡"是我们在诸多广告中最常见到的词，却是小米内部策划会议上经常被批判的一个词语。小米做的是口碑推荐，他们在定义产品的卖点时，只考虑一个场景，消费者会怎么推荐。向朋友推荐的时候，肯定不会讲"小米手机卓尔不凡"，对吧？所以，小米的营销文案就是简单直接。

案例一：小米手机就是快

在小米手机2发布之后，他们想要传达2代手机核心卖点是性能翻倍，全球首款四核。所以在海报表达上倾向突出高性能的特性，"快"是核心关键词。文案有"唯快不破""性能怪兽"等十几个方案，但最后选择了"小米手机就是快"，主要是因为这个文案够直接，够大白话。

案例二：小米活塞耳机

做耳机的营销很难，因为耳机是很专业的东西，比如说音质，音质本身没法用图文精确描述，市场上耳机的营销文案一般都说"高频突出，中频实，低频沉"。小米第一次做耳机，如果再讲这些内容，一是跳不出原来的路数，二是没别人讲得专业。小米最初提出一堆名字大多都是"灵动""灵悦"之类，在商品中毫无辨识感。小米需要更简单直接的东西。从音腔形态和发声单元外表上找到了出路，耳机外形像活塞，他们就以此命名为"小米活塞耳机"，活塞也有动力感。产品宣传点分为卖点和噱头，卖点是用户愿意为之掏钱的，噱头是有意思但用户不会为之掏钱的。卖点分为两类：一级卖点和二级卖点。一级卖点只有一个，这样用户才记得住，如果说三到四个就等于没说。二级卖点是辅助描述一级卖点的，一般有两到三个。从以下三个小米淘汰的方案为例。

一级卖点方案1：灵感来自F1活塞设计。

被否原因：描述太虚。

一级卖点方案2：航空铝合金一体成型的音腔。

被否原因：这是二级卖点。

二级卖点方案：奶嘴级硅质，柔软舒适。

被否原因：不是卖点，是噱头。

最后卖点定的是"小米活塞耳机，99 元听歌神器"。一开始总结了 12 个活塞耳机的卖点，后来筛选至 7 个，再筛选，只剩下 3 个。这是一个去繁从简的过程。小米在意的是消费者如何跟朋友推荐？肯定不会采用广告修饰词，而是会直接简明说最重点的要素：使用一体成型的铝合金音腔所以音质好；军用标准的凯夫拉线材用料好；礼品包装高大上，还只卖 99 元，买个包装都值了。实际上，见过这款产品的人几乎能把三个核心卖点背下来。

理念营销——农夫山泉

农夫山泉创始人钟睒睒成为 2020 年，2021 年中国首富、亚洲首富、世界富豪榜第 13 位。其积累如此财富的背后正是对于农夫山泉的品牌经营。

对于农夫山泉，令大众印象深刻的是其深入人心的广告语："我们不生产水，我们只是大自然的搬运工。"这个成立于 1996 年的"大自然的搬运工"，从 2012 年开始已经连续 8 年占据中国瓶装水市占率第一的头把交椅。

农夫山泉凭借精细化的运作，通过营销理念、包装设计、广告传播、产品延伸等多方协作，成为了行业的黑马，成功跻身行业市占率首位。

农夫山泉是理念营销的大师，他们主打"天然健康"水。在农夫山泉的产品营销中，都围绕着"天然健康"的营销理念，与那些喊口号的品牌不同的是，农夫山泉将"天然健康"展示给消费者看，给人的感觉是它好像没有什么商业秘密，消费者想要了解的，农夫山泉全部可以满足。

在水源地的展示上，农夫山泉水源地探秘活动可以说是品牌的一大创新，在水源地建一个"博物馆"向用户展示别样的农夫山泉。为了让更多用户能够深入了解品牌，农夫山泉将水源地的景色搬到荧幕上，实现好广告会说话，让更多的人放心。

在产品原材料的选择上，除了在无污染的水源地建厂，更是花费大量的人力、物力、财力去建设自己的种植基地等。农夫山泉既卖水果和粮食，又能够为自家产品生产提供原材料，追本溯源，让用户能够看得见好品质。与其他品牌打造"自嗨"营销概念不同的是，农夫山泉基本上每个产品推广，都采用了纪录片的模式，将农夫山泉产品的"秘密"进行1∶1的还原，让用户对农夫山泉"天然健康"的营销理念有了更清晰与立体的认知。

当农夫山泉将天然与健康的理念植入消费者的头脑和认知，品牌变现就成了水到渠成、轻而易举的事情。

后 记

在此书完成之际，我想说，品牌变现从来不是一件一蹴而就的事情，它需要天时、地利、人和都具备才行。天时就是一个品牌诞生的契机，地利就是市场环境对品牌的影响，人和就是要时刻打造一个以人为本的品牌，这样才能占领消费者心智，才能真正让别人认可，从而为你的品牌埋单。

未来是数字化营销、私域流量的营销，人在哪里，就到哪里营销，人在哪里，流量就在哪里。

今天的营销是碎片化的、数字化的、虚拟化的、场景化的……面对"看不见"的市场，传统的营销方法逐渐失灵了。

许多企业的专家会告诉你，企业的第一阶段应该在制定产品市场匹配度上花费时间。事实是——虽然许多小型企业都采用这种方法，但是大多数都没有成功。这是为什么呢？因为他们只关注第一个词，即产品，却从来没有弄清楚市场面向的是谁以及市场的定义是什么。如果你把注意力转移到市场产品匹配度上，那么自然而然地，你就会把更多的时间花在你需要的地方——人。

着眼于"人"去营销，你就能找到用户在哪里；

做产品照顾"人"，去研发产品，你自然就知道"匠心"有多重要；

如何让人信任，靠着"人"去做运营，你自然就知道与用户良好的关系才是你唯一的护城河；

品牌是为"人"服务的，靠着"人"去打造品牌，你自然就知道品牌就是人心，人心才是最大的流量蓝海。

做有品位、有特性的产品，做有社会责任意识的企业，才能真正走一条赢得好口碑、持续变现的路。

秦桔尊

2022 年 8 月